Thomas Riegler

# Schöne Küchen richtig planen

Thomas Riegler

# Schöne Küchen richtig planen

**Das Komplettpaket für Ihre Traumküche:**
Vom ersten Entwurf bis zur fertigen Küche sinnvoll planen

Alle Angaben in diesem Buch wurden vom Autor mit größter Sorgfalt erarbeitet bzw. zusammengestellt und unter Einschaltung wirksamer Kontrollmaßnahmen reproduziert. Trotzdem sind Fehler nicht ganz auszuschließen. Der Verlag und der Autor sehen sich deshalb gezwungen, darauf hinzuweisen, dass sie weder eine Garantie noch die juristische Verantwortung oder irgendeine Haftung für Folgen, die auf fehlerhafte Angaben zurückgehen, übernehmen können. Für die Mitteilung etwaiger Fehler sind Verlag und Autor jederzeit dankbar. Internetadressen oder Versionsnummern stellen den bei Redaktionsschluss verfügbaren Informationsstand dar. Verlag und Autor übernehmen keinerlei Verantwortung oder Haftung für Veränderungen, die sich aus nicht von ihnen zu vertretenden Umständen ergeben. Evtl. beigefügte oder zum Download angebotene Dateien und Informationen dienen ausschließlich der nicht gewerblichen Nutzung. Eine gewerbliche Nutzung ist nur mit Zustimmung des Lizenzinhabers möglich.

© 2008 Franzis Verlag GmbH, 85586 Poing

Alle Rechte vorbehalten, auch die der fotomechanischen Wiedergabe und der Speicherung in elektronischen Medien. Das Erstellen und Verbreiten von Kopien auf Papier, auf Datenträgern oder im Internet, insbesondere als PDF, ist nur mit ausdrücklicher Genehmigung des Verlags gestattet und wird widrigenfalls strafrechtlich verfolgt.

Die meisten Produktbezeichnungen von Hard- und Software sowie Firmennamen und Firmenlogos, die in diesem Werk genannt werden, sind in der Regel gleichzeitig auch eingetragene Warenzeichen und sollten als solche betrachtet werden. Der Verlag folgt bei den Produktbezeichnungen im Wesentlichen den Schreibweisen der Hersteller.

**Satz:** DTP-Satz A. Kugge, München
**art & design:** www.ideehoch2.de
**Druck:** Himmer AG, Augsburg
Printed in Germany

# Vorwort

Die schlichte, gerade und etwas streng und lieblos wirkende Küchenzeile, in der alle Schränke und Geräte untergebracht sind, ist heute kein Muss mehr. Sie können Ihre neue Küche meist in zahlreichen Variationen zielgerichtet planen und aufbauen – Lösungen, die zum Grundriss des Raums passen und genau Ihren Wünschen entsprechen. Schließlich möchte man sich in der Küche wohlfühlen, und sie soll auch nach vielen Jahren noch gefallen. Beliebt sind „Wohnküchen", die Küche und Wohnzimmer in einem großen Raum vereinen. Die Küche rückt so ins Wohngeschehen, sodass die Hausfrau oder der Hausmann jederzeit aktiv daran teilhaben kann. Sie können den Kochbereich auch abgesetzt im Raum als Insel aufbauen und so zum Mittelpunkt der Familie oder des Freundeskreises machen. Auch durch viele andere Maßnahmen können Sie die heimische Küche zur Wohlfühl-Oase aufwerten. Doch wie muss man dabei genau vorgehen? Wie richtet man beispielsweise im Kleinstraum mit ungünstigem Grundriss eine schöne Küche mit ausreichend Stauraum ein? Wie kann man Küchengräte oder sogar eine ganze Küche im Wohnzimmer unsichtbar aufbauen? Welcher Platz ist für den Esstisch und die Küchengeräte ideal? Welche Farbkombinationen verleihen der Küche eine bestimmte Atmosphäre? Einige von vielen Fragen, auf die dieses Buch Antworten gibt. Es erläutert, wie Sie Ihre Küche zusammen mit der beigefügten 3-D-Planungssoftware bis ins letzte Detail exakt planen und danach fachgerecht aufbauen. Als Ideenspender liefert Ihnen das Buch außerdem 25 Küchenpläne. Sie decken ein breites Spektrum aller nur möglichen Küchen für verschiedenste Grundrisse und Haushaltsgrößen ab, sei es für Singles, Paare, Klein- oder Großfamilien. Die Pläne reichen von kleinen Kochnischen bis hin zu größeren Küchen in L-, T- und U-Form mit ausgelagerten Arbeitsinseln. Sie können die Pläne eins zu eins übernehmen oder verändern und so optimal auf die eigenen Wünsche und Vorstellungen anpassen – bis hin zu ganz neuen Küchenaufbauten, die Sie mit diesem Buch professionell planen und realisieren können.

Viel Erfolg!
Ihr
Thomas Riegler

# Inhaltsverzeichnis

**1 Der Weg zur optimalen Küche ...................................................................9**
    1.1    Ideen im Küchenstudio sammeln ...............................................................9
    1.2    Kleine Küchenräume einrichten ...............................................................10
    1.3    Arbeitsinsel verleiht Flair .........................................................................11
    1.4    Wohin mit dem Esstisch? ........................................................................13
    1.5    Stauraum optimal nutzen ........................................................................15
    1.6    Arbeitsplatte in körpergerechter Höhe ....................................................19
    1.7    Küchengeräte an der richtigen Stelle ......................................................22
    1.8    Kleingeräte unsichtbar machen – Arbeitsfläche gewinnen .....................23
    1.8.1  Einbau-Kaffeeautomaten ........................................................................23
    1.8.2  Brotschneidemaschine im Wandkasten ..................................................25
    1.8.3  Versenkbare Küchengeräte .....................................................................27
    1.8.4  Regale mit Rollläden oder Schiebetüren für Toaster und Co ..................28
    1.9    Die perfekte Beleuchtung ........................................................................30
    1.10  Material für Arbeitsplatte auswählen ......................................................34

**2 Traumküche perfekt planen – Leitfaden zum Vorgehen ..........................37**
    2.1    Handskizze bildet erste Gedanken ab ....................................................37
    2.2    Küche mit Planungssoftware am PC zeichnen .......................................37
    2.3    Traumküche im Detail planen .................................................................43
    2.3.1  Abmessungen der Küchenmöbel ............................................................43
    2.3.2  Genügend Stauraum schaffen ................................................................46
    2.3.3  Einbau-Küchengeräte .............................................................................47
    2.3.4  Wie soll die Spüle ausgeführt sein? ........................................................48
    2.3.5  Mülltrennsysteme ....................................................................................49
    2.3.6  Passender Dunstabzug ...........................................................................50
    2.4    Besondere Note durch in Wand eingebaute Geräte ................................53

**3 Traumküche Schritt für Schritt fachgerecht aufbauen ............................57**
    3.1    Benötigtes Werkzeug ..............................................................................58
    3.2    Arbeitsstelle vorbereiten ..........................................................................59
    3.3    Unterschränke einbauen .........................................................................59
    3.3.1  Küchenzeile genau ausrichten ................................................................63
    3.3.2  Unterschränke auf exakte Arbeitshöhe einstellen ...................................65
    3.4    Arbeitsplatte aus Naturstein exakt montieren .........................................65
    3.5    Wandschränke für Einbaugeräte aufbauen.............................................69
    3.6    Hängeschränke fachgerecht montieren ..................................................72

- 3.6.1 Befestigungshöhe der Montageschienen exakt ermitteln ...72
- 3.6.2 Schienen montieren ...72
- 3.6.3 Wandschränke aufhängen und fixieren ...75
- 3.7 Licht für die Arbeitsplatte ...80
- 3.8 Dunstabzug über der Kochinsel ...82
- 3.9 Küchengeräte einbauen und anschließen ...85
- 3.9.1 Geschirrspüler ...86
- 3.9.2 Backofen ...87
- 3.9.3 Kochfeld ...88
- 3.9.4 Kühlschrank ...88
- 3.10 Sockelleisten an Unterschränken befestigen ...89
- 3.11 Frontblenden an Küchengeräten montieren ...92
- 3.12 Spüle richtig einbauen ...94
- 3.13 Arbeitsplatte an Stoßstellen abdichten ...96
- 3.14 Schubladen und Fächer einsetzen – fertig ist die neue Küche ...98
- 3.15 Selbstmontage oder Fachbetrieb? ...100

## 4 Tipps zum Kauf ...102
- 4.1 Viel Geld sparen ...102

## 5 Pläne für unterschiedlichste Küchen ...105

## Plan 1: Zeitlos elegant ...106

## Plan 2: Zweizeilige Küche auf engstem Raum ...108

## Plan 3: Wenig Platz optimal nutzen ...110

## Plan 4: Zwei L-förmige Küchenzeilen ...112

## Plan 5: Kleinküche mit Komfort ...116

## Plan 6: Dunkle Eleganz im Wohnzimmerambiente ...118

## Plan 7: Wohnzimmer-Küche mit viereckiger Arbeitsfläche ...120

## Plan 8: Hauptzeile mit Kücheninsel für Einbaugeräte ...124

## Plan 9: Kochinsel als Kommunikationszentrum ...126

## Plan 10: Ultramoderne Küche mit Theke und Barhockern ...128

## Plan 11: Kleinküche in U-Form ...130

## Plan 12: Elegante Kücheninseln ...132

**Plan 13: T-förmige Küche mit separater Schrankreihe** .................134

**Plan 14: Drei Kücheninseln mit kurzen Wegen** .................136

**Plan 15: Platzsparende Küche für großen Aufenthaltsraum** .................138

**Plan 16: Große Arbeitsinsel in L-Form** .................140

**Plan 17: Küche für große Familien** .................142

**Plan 18: T-förmige Arbeitsinsel für große Räume** .................144

**Plan 19: Familienfreundliche Wohnküche** .................146

**Plan 20: U-förmige Miniküche für kleine Singlewohnung** .................148

**Plan 21: Freistehende Küche für große Räume** .................150

**Plan 22: U-förmige Großküche mit Esszimmer** .................152

**Plan 23: Die unsichtbare Küche im Wohnzimmer** .................154

**Plan 24: Küche für verwinkelte Räume** .................156

**Plan 25: Küche zum Unterhalten und Verweilen** .................158

**Bildnachweis** .................160

# 1 Der Weg zur optimalen Küche

Bevor Sie Ihre neue Küche gezielt planen können, müssen Sie wissen, wie diese ungefähr aussehen soll. Möchten Sie eine zeitlose oder lieber eine ultramoderne Küche haben? Welche Farben, welchen Grundriss und welche Materialien bevorzugen Sie? Abhängig von den Platzverhältnissen können mehrere Grundformen infrage kommen. Hierzu gehören eine L- und U-förmige Küche oder eine Insellösung, bei der das Kochfeld und oft auch die Spüle mitten im Raum aufgebaut sind. Man berücksichtigt den zur Verfügung stehenden Platz und den Grundriss des Raums, um zu sehen, welche Aufbauvarianten infrage kommen. Sie sollten auch die Einbauorte der Küchengeräte mit den Funktionen der umliegenden Schränke abstimmen, um alle erforderlichen Küchenutensilien sofort griffbereit zu haben. Dieses Kapitel gibt Ihnen Anregungen für Ihre Überlegungen, damit der erfolgreichen Planung der eigenen Traumküche nach Kapitel 2 nichts mehr im Wege steht.

## 1.1 Ideen im Küchenstudio sammeln

Möchte man eine neue Küche aufbauen, weiß man zwar, wofür man sie braucht, und kennt die gewünschten Funktionen. Wie die Küche im Detail aussehen soll, ist allerdings oft unklar. Um Ideen zu sammeln, ist ein Gang in Küchenstudios und Möbelhäuser zu empfehlen. Dort erfahren Sie nicht nur, in welchen Farben und Formen es Schränke gibt. Sie erhalten auch einen Eindruck davon, wie Sie Ecken optimal nutzen und welche Schubladensysteme zur Auswahl stehen (vgl. Kapitel 1.5). Sie erfahren, wie Sie die Arbeitsplatte optimal beleuchten (Kapitel 1.9), wie viel Platz Einbau-Elektrogeräte benötigen und wo und wie man sie am besten einbaut (vgl. Kapitel 1.7). Der Geschirrspüler ist beispielsweise meist in einem Unterbauschrank in unmittelbarer Nähe der Spüle untergebracht, sodass man sich beim Ein- und Ausräumen bücken muss. Wenn Sie Ihr Kreuz schonen möchten, bauen Sie den Geschirrspüler analog zum Kühlschrank erhöht ein. Da Kochplatten und Backofen keine Einheit mehr bilden müssen, kann man beides an verschiedenen Stellen in der Küche realisieren. Darüber hinaus führt der

Abb. 1.1 – Individuell anpassbares Schubladensystem.

Fachhandel Einbau-Küchengeräte, an die man zunächst kaum denkt. Nicht nur eine Einbau-Kaffeemaschine nach Kapitel 1.8.1 kann dazugehören, sondern auch der japanische Edelstahl-Flächengrill Teppan Yaki oder ein Tellerwärmer. Küchenstudios und Möbelhäuser geben auch Gelegenheit, sich intensiv mit den verschiedenen Materialien, aus denen eine Küche gebaut sein kann, auseinanderzusetzen. Welche Materialien eignen sich am besten für die Arbeitsplatte und die Vorderseiten der Schränke und Schubladen? Welche sind langlebig und pflegeleicht? Auch auf kleine Details wie Griffe sollte man achten. Außerdem ist anzuraten, sich möglichst viele Kästen und Schränke von innen anzusehen. Die eingebauten variablen Sortiersysteme zeigen, wie man beispielsweise Ordnung in die Besteckschublade bringen kann.

## 1.2 Kleine Küchenräume einrichten

Je kleiner ein Raum ist, umso mehr sind der Küchenplanung Grenzen gesetzt. Eingangstür und Fenster geben manchmal bereits die Form der Küche vor. Ein schmaler, kleiner Raum mit zwei Türen auf beiden Seiten beispielsweise erlaubt nur den Aufbau einer geraden Küchezeile. Ist anstatt der zweiten Tür ein Fenster eingebaut, kann man auch eine Küche in L- oder U-Form

**Abb. 1.2** – Küchenzeile in L-Form

realisieren. Von einer L-förmigen Küche spricht man, wenn der Arbeitsbereich um die Ecke verläuft (Abb. 1.2). Im langen Schenkel sind meist das Kochfeld und viele Schränke untergebracht, im kurzen Schenkel ist die Spüle eingebaut. Auch U-förmige Küchen kommen infrage, bei denen Küchenschränke und/oder der Arbeitsbereich auf drei Seitenwände aufgeteilt sind. Diese Bauform erlaubt es, die Küche in Funktionsgruppen zu gliedern. Auf der linken Seite können Sie beispielsweise kochen, in der Mitte kann der Geschirrspüler stehen und die rechte Seite beherbergt Schränke, in denen Sie Geschirr und Lebensmittel verstauen können. Für die U-Form sprechen außerdem die kurzen Wege zwischen den einzelnen Arbeitsbereichen, alles ist sofort griffbereit. Kapitel 5 hält auch Küchenpläne bereit, nach denen Sie eine U-förmige Küche in einem kleinen Raum aufbauen können, um so den Platz optimal zu nutzen.

## 1.3   Arbeitsinsel verleiht Flair

Früher war der Arbeitsbereich der Küche stets an der Wand untergebracht. Egal, ob man am Herd stand, Geschirr spülte oder das Abendbrot vorbereitete, stets musste man den anderen Familienmitgliedern den Rücken kehren. Große

Abb. 1.3 – Kücheninsel mit induktionsbeheiztem Edelstahl-Flächengrill.

Räume mit Küchen- und Wohnbereich haben diese Barriere gebrochen. Sie erlauben sogar, den Küchenarbeitsplatz als Insellösung in die Mitte des Raums zu verlagern – ein Küchenaufbau, den auch Fernsehköche nutzen. Bei Insellösungen steht meist ein Kastenblock als Teil der gesamten Küche frei im Raum und ist von allen vier Seiten zugänglich. Die Größe dieser Arbeitsinsel hängt vom Platz und den Elementen ab, die man dort unterbringen möchte. Sie können Ihrer Fantasie beim Aufbau freien Lauf lassen. Meist beherbergen die Arbeitsinseln das Kochfeld und häufig etwas abgesetzt auch die Spüle, sodass dort fast der gesamte Küchenarbeitsbereich untergebracht ist. Um die Arbeitsinsel gut nutzen zu können, ist ausreichend Stellfläche für Kochtöpfe und andere Küchenutensilien einzuplanen. Das spart viele unnötige Wege und rückt das Kochgeschehen in den Mittelpunkt der Familie oder des Freundeskreises. Alle sind eingeladen, sich im Kochbereich aufzuhalten. Sitzmöglichkeiten unterstreichen diesen kommunikativen Charakter der Küche. Kücheninseln können sogar mit dem Esstisch eine Einheit bilden (Abb. 1.4).

Abb. 1.4 – Diese Insellösung vereint Spüle und Esstisch, so entfallen lange Wege mit schmutzigem Geschirr.

### Technische Anschlüsse einplanen

Um die Inselküche nutzen zu können, sind die erforderlichen technischen Anschlüsse einzuplanen. Möchten Sie ein Kochfeld betreiben, muss neben den üblichen 230-V-Steckdosen ein 400-V-Starkstrom-Anschluss eingebaut sein. Techniker sprechen auch von Drehstrom. Manche Elektroherde kommen allerdings auch mit einer üblichen 230-V-Steckdose aus. Mit diesen Geräten können Sie allerdings entweder nur den Backofen oder nur die Kochplatten betreiben, selbst alle Kochplatten sind vielfach nicht gleichzeitig nutzbar.

Soll die Kücheninsel außerdem die Spüle beherbergen, muss der Wasserinstallateur den Kalt- und Warm-Wasseranschluss sowie das Abflussrohr verlegen (Abb. 1.5). Da die Wasserrohre beim Bau des Hauses verlegt werden, sollte man spätestens in der Rohbauphase des eigenen Hauses wissen, ob man eine Küche mit oder ohne Insel einbauen möchte. Bei neu zu errichtenden Wohnungen sollten die Wünsche bereits in die Planung einfließen.

## 1.4 Wohin mit dem Esstisch?

Küchen in modernen Häusern und kleineren Wohnungen sind meist in offenen Nischen im Wohnzimmer, oft nur mit einer Größe von 8 bis 10 m², eingeplant. Da die Küche direkt in den

**Abb. 1.5** – Um diese große Inselküche mit Kochfeld, Flächengrill und Spüle zu betreiben, sind ein Starkstromanschluss sowie ein Kalt- und Warm-Wasseranschluss und ein Abflussrohr erforderlich.

**Abb. 1.6** – Eine in der Arbeitsoberfläche versenkbare Steckdosenleiste erlaubt es, mehrere Küchengeräte zu nutzen.

**Abb. 1.7** – Der Esstisch (vorn im Bild) verbindet den Wohnbereich mit der Küche, die in einer Ecke des Wohnzimmers untergebracht ist.

Wohnbereich übergeht, steht der Esstisch vor der Küche, die mit wenigen Schritten erreichbar ist – wichtig beim Servieren und Abräumen (Abb. 1.7). Der Esstisch kann weit ins Wohnzimmer hineinreichen und so vielen Personen Platz bieten. In kleinen, abgeschlossenen Küchen, die typisch für Singlehaushalte sind, können an einem kleinen Esstisch zumindest zwei Personen kleine Mahlzeiten einnehmen.

## 1.5 Stauraum optimal nutzen

Beim Planen der Küche muss man sich Gedanken darüber machen, was man dort alles unterbringen möchte und wie man den vorhandenen Stauraum optimal nutzen kann. Wie viele Unterbau- und Hängeschränke sind für Töpfe, Pfannen, Kunststoff-Aufbewahrungsdosen sowie für große Verpackungen für Cornflakes und Co erforderlich? Wo und wie sollen die

**Abb. 1.8** – Ein Stecksystem unterteilt eine große Schublade.

**Abb. 1.9** – Durch das Stecksystem kann man in der Schublade Töpfe, Schalen und andere Küchenutensilien überschaubar lagern.

**Abb. 1.10** – Schublade im Unterbauschrank in der Normbreite von 60 cm.

Lebensmittel verstaut sein? Möchten Sie einen kleinen Vorrat an Mehl, Zucker und Teigwaren anlegen? Wo soll das Service hin? Oder benötigen Sie zwei Service, eins für den täglichen Gebrauch und eins für besondere Anlässe? Veranschaulicht man sich, was alles unterzubringen ist, stellt man fest, dass das durchaus mehr ist, als man zunächst vermutet hatte. Selbst bei größeren Küchen sollten Sie deshalb den Stauraum optimal nutzen, und er sollte leicht erreichbar sein. Was hilft ein tiefer Schrank, wenn Sie ihn zuerst komplett ausräumen müssen, um zu den hintersten Töpfen und Dosen zu gelangen? Anstatt tiefer Fächer haben moderne Unterbauschränke deshalb überwiegend Schubladen, die mehr als 1 m breit sein können und in denen man selbst größte Töpfe verstauen kann. Schubladen in der Normbreite von 60 cm eignen sich dagegen hervorragend für Lebensmittel (Abb. 1.10). So behalten Sie außerdem stets den Überblick, was in einem Unterschrank gelagert ist. Die Schubladen lassen sich zudem mit unterschiedlichen Fachsystemen individuell ausstatten, um kleines Besteck und großes Geschirr unterzubringen.

### Dreh- und Schwenk-Korbsysteme für Ecken

Ecken sind teils nur schwer zugänglich und eignen sich deshalb kaum, um in althergebrachten Fächern Küchenutensilien zu verstauen. Einen Ausweg sind Drehkorbsysteme in Unterbauschränken (Abb. 1.13). Wie der Name vermuten lässt, können Sie Gegenstände aller Art in ein bis zwei übereinander angeordneten Drehkörben verstauen. Nachdem Sie die Schranktür geöffnet haben, drehen sich die Körbe nach vorne, sodass auch ganz hinten aufbewahrte Utensilien bin-

**Abb. 1.11 –** Auch kleinste Räume kann man nutzen: Dieser Apothekerschrank ist nur 15 cm breit und erlaubt es, Gewürzdosen unterzubringen.

**Abb. 1.12 –** Unterbau-Schranksysteme im Vergleich: links ein Apothekerschrank, in der Mitte die traditionellen Fächer, rechts ein modernes Schubladensystem.

nen weniger Sekunden bequem erreichbar sind. Drehen Sie die Körbe einmal im Kreis, schließen sich die kleinen Ecktüren automatisch.

Neben Drehkörben können Sie auch mit Schwenksystemen den Stauraum in Ecken effektiv nutzen. Diese Systeme besitzen beispielsweise eine Ablagefläche in Form einer Niere, die beim Öffnen der kleinen Tür ins Freie schwenkt (Abb. 1.16). Schließt man die Tür wieder, wird die Ablagefläche wieder in die hinterste, ansonsten kaum zugängliche Ecke gefädelt. Alternativ zu diesen Nierenladen-Systemen kommen schwenkbare Körbe in Rechteckform infrage, die den Platz durch die eckige Form noch besser nutzen (Abb. 1.14 und Abb. 1.15). Sie besitzen Korbsysteme, die in zwei Ebenen angeordnet, schwenk- und fahrbar sind. Je zwei Körbe sind pro Ebene eingebaut. Öffnet man die Tür, wird das vordere Korbpaar ins Freie geschwenkt. Gleichzeitig werden die in der hinteren Ecke platzierten Körbe nach vorne gezogen und sind so leicht erreichbar (Abb. 1.15).

**Abb. 1.13** – Drehkorbsystem

**Abb. 1.14 und Abb. 1.15** – Schwenkbares Korbsystem

Abb. 1.16 – Eck-Nierenkorb mit zwei übereinander angeordneten Ablageflächen, die einzeln schwenkbar sind.

### Hängeschränke

Stauraum können Sie auch durch passende Hängeschränke gewinnen. Ihre Höhe variiert vor allem bei modernen Küchen stark. Schmale Hängeschränke mögen zwar chic aussehen, im Vergleich zu etwas höheren Schränken verzichtet man jedoch auf Stauraum. Die oberen Fächer sind allerdings für normalgroße Personen nur schwer erreichbar. Dort sollte man deshalb vor allem Dinge lagern, die man nur gelegentlich braucht.

## 1.6 Arbeitsplatte in körpergerechter Höhe

Eine Küche soll nicht nur gefallen, sie muss auch funktional sein. Dazu gehört eine Arbeitsplatte in einer Höhe, die körperschonendes Arbeiten ermöglicht. Das beugt Kreuzschmerzen vor, die bei nicht höhenangepassten Arbeitsflächen auftreten können. Früher hatte man nur die Wahl zwischen zwei fest vorgegebenen Arbeitsplattenhöhen. War man zu klein, hatte man seine liebe Not, Gegenstände aus den Hängeschränken ohne Steighilfe herauszuheben. War man dagegen zu groß, musste man nur allzu oft mit gebeugter Haltung arbeiten. Weihnachtsplätzchen aus dem ausgerollten Teig ausstechen oder einfach nur Geschirr spülen konnte so das Kreuz stark belasten, Kreuzschmerzen waren an der Tagesordnung.

### Optimale Arbeitsplattenhöhe ermitteln

Die Höhe der Arbeitsplatte sollte zur Person passen, die primär in der Küche tätig ist, und variiert je nach Körpergröße zwischen rund 85 cm und 105 cm. Die ideale Höhe können Sie leicht selbst ermitteln. Dazu stellen Sie sich aufrecht hin und lassen die Hände nach unten baumeln. Anschließend misst eine zweite Person den Abstand zwischen Fußboden und Unterkante des Ellbogens. Von diesem ermittelten Maß ziehen Sie 15 cm ab. Beträgt der gemessene Abstand zum Fußboden beispielsweise 107 cm, ergibt sich daraus eine ideale Arbeitshöhe von 92 cm.

Zumindest in gut ausgestatteten Küchenstudios können Sie die optimale Arbeitsplattenhöhe mit einer höhenverstellbaren Küchenzeile praxisgerecht ermitteln. Per Knopfdruck lässt sich die Höhe millimetergenau auf körperschonendes Arbeiten einstellen. Nicht nur die Arbeitsplatte, auch die Spüle ist so bequem erreichbar, obwohl sie rund 15 cm bis 20 cm tief ist. Trotzdem können Sie Messer und Gabeln bequem greifen, ohne sich bücken zu müssen. Zusätzlich kann man von der qualifizierten Beratung des Personals des Fachbetriebs profitieren, das auf Details aufmerksam macht, die einem Laien im Möbel-Selbstbedienungsmarkt oft nicht auffallen. Dazu kann das Schuhwerk gehören, das vor allem bei Frauen unterschiedlich hoch sein kann. Unabhängig davon, ist der Besuch eines großen Küchenausstatters auch zu empfehlen, weil Sie sich Anregungen für die eigene Küche holen können.

Wie Sie schließlich die ermittelte Arbeitshöhe bei der Montage der Unterbauschränke

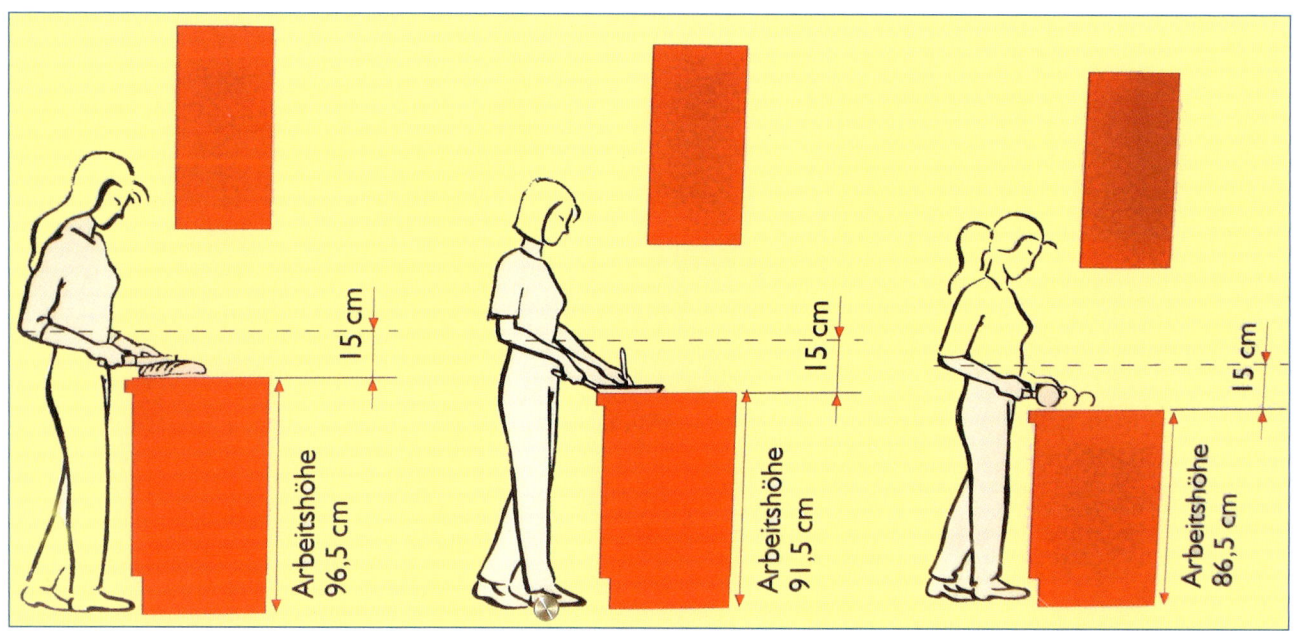

Abb. 1.17 – Die Höhe der Arbeitsplatte richtet sich nach der Körpergröße der Person, die meist in der Küche arbeitet.

einstellen, erläutert Kapitel 3.3.2. Wegen des hohen Gewichts der Arbeitsplatten stellen Sie zuerst die Unterschränke exakt ein, bevor Sie die Arbeitsplatte auflegen.

### Wie hoch die Hängeschränke montieren?

Die Montagehöhe der Hängeschränke hängt wie die Höhe der Arbeitsplatte von der Größe der meist in der Küche arbeitenden Person ab. Man muss die Montagehöhe trotzdem nicht separat ermitteln, weil sie an die Höhe der Arbeitsplatte gekoppelt ist. Übliche Wandschränke sind rund 50 cm über der Arbeitsplatte zu montieren. Dieser Mindestabstand garantiert sicheres Arbeiten und verhindert, dass die Köchin oder der Koch mit dem Kopf gegen die Kanten stößt.

| Optimale Arbeitsplatten-Höhen in Abhängigkeit von der Körpergröße | |
|---|---|
| Körpergröße in cm | Höhe der Arbeitsplatte in cm |
| 135 | 75 |
| 140 | 75 |
| 145 | 80 |
| 150 | 80 |
| 155 | 80 |
| 160 | 85 |
| 165 | 85 |
| 170 | 85 |
| 175 | 90 |
| 180 | 95 |
| 185 | 95 |
| 190 | 95 |
| 195 | 100 |
| 200 | 105 |

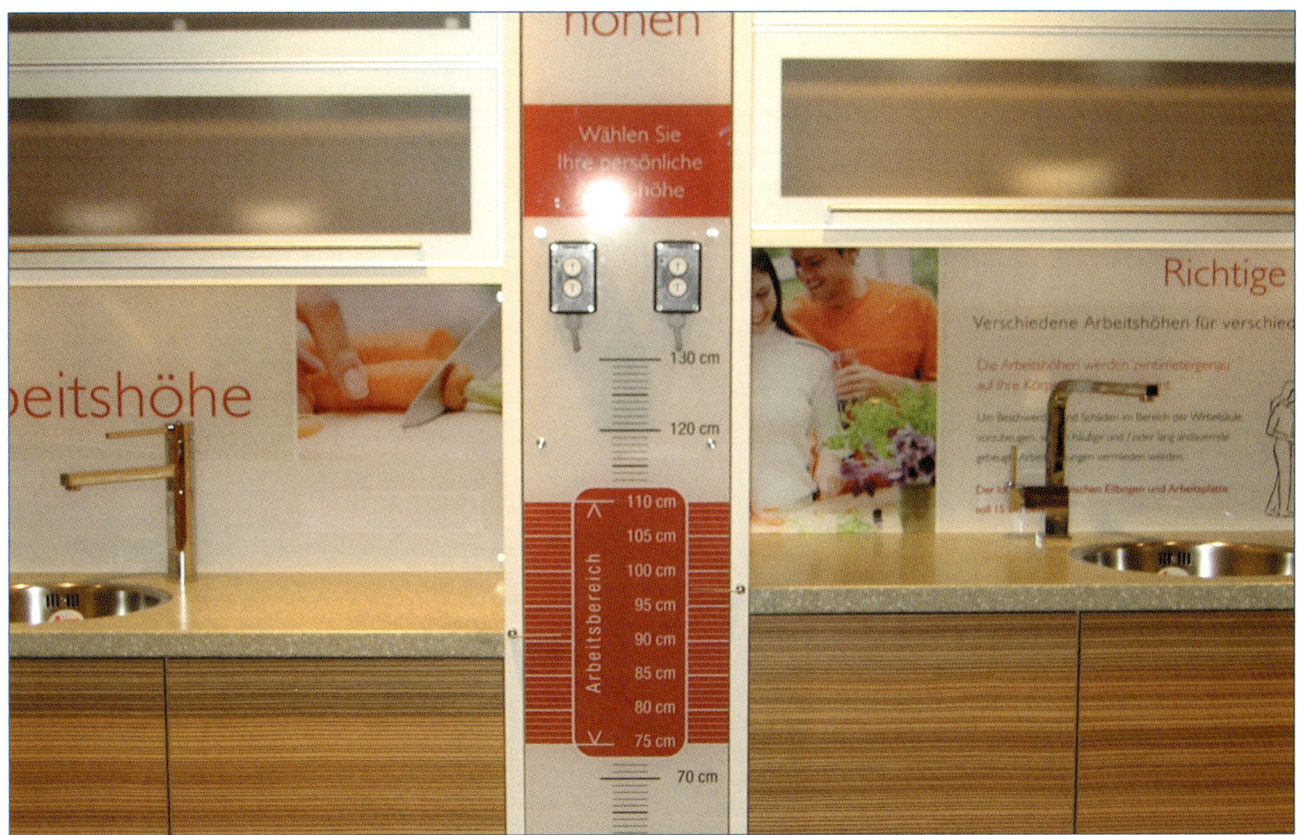

Abb. 1.18 – Mit einer höhenverstellbaren Küchenzeile können Sie die optimale Höhe der Arbeitsplatte sicher ermitteln.

## 1.7 Küchengeräte an der richtigen Stelle

Kochplatte, Spüle und Kühlschrank sollte man nicht beliebiger Stelle einbauen, weil man sie am häufigsten verwendet. Fachleute ordnen deshalb diese Küchengeräte in einem Dreieck an, damit die Hausfrau oder der Hausmann alles auf kurzem Weg griffbereit hat (Abb. 1.20). Dieses sogenannte Goldene Dreieck garantiert schnelles und effizientes Arbeiten. Zu beiden Seiten des Kochfelds sollten Sie mindestens je 60 cm Arbeitsfläche einrechnen. Diese ist erforderlich, um ausreichend Stellflächen für Töpfe und Pfannen zu haben, die gerade nicht auf die Kochplatte müssen. Auch zwischen

Abb. 1.19 – Für eine kleine Person ist dieser Wandschrank zu hoch montiert.

Abb. 1.20 – Kochfeld, Spüle und der Kühlschrank in der Wand bilden ein Dreieck und garantieren so schnelles Arbeiten.

Kochfeld und Spüle ist ein Abstand von mindestens 60 cm einzuplanen. Sonst fehlt der Platz, um schmutziges Geschirr abzustellen und das Kochen vorzubereiten. Außerdem kann Wasser in den Kochbereich spritzen. Je mehr Stell- und Arbeitsfläche Sie einplanen, umso mehr Möglichkeiten haben Sie beim Kochen und Braten. Nicht nur der ausgerollte Teig beim Backen von Weihnachtsplätzchen benötigt Arbeitsfläche. Auch eine Küchenmaschine, ein Plattengriller, ein Toaster und eine Kaffeemaschine beanspruchen Platz. Gleiches gilt für eine große Espressomaschine, eine nicht fest eingebaute Mikrowelle und den Dampfgarer, der vielleicht schon in wenigen Jahren zur Standardausstattung einer Küche zählen wird.

### Wo kleinere Küchenutensilien lagern?

Der Lagerort für kleinere Küchenutensilien hängt von ihrer Funktion ab. Kochtöpfe und Pfannen benötigt man im Nahbereich des Kochfeldes. Man sollte sie deshalb am besten in Schubladen unter dem Cerankochfeld lagern. Auch der Weg zwischen Geschirrspüler und den Fächern für Teller und Tassen, Bestecklade und Töpfe sollte nicht zu weit sein, um unnötiges Umhergehen zu vermeiden.

### Einbau-Küchengeräte

Auch bei Einbau-Küchengeräten sind ein paar Kleinigkeiten zu beachten. Man sollte nach Möglichkeit Kalt- und Warmgeräte nicht unmittelbar nebeneinander einbauen. Ein Beispiel sind Kühlschrank und Spülmaschine: Da der Geschirrspüler häufig benutzt und ziemlich warm wird, würde der Kühlschrank unnötig viel Strom verbrauchen. Gleiches gilt für die Kombination von Backofen und Kühlschrank. Da der Platz in Küchen allerdings nicht unbegrenzt ist, bauen trotzdem sogar Profis häufig Backofen, Mikrowelle und Kühlschrank nebeneinander auf. Sie fragen sich jetzt, wie das gehen soll? Ganz einfach: Mit einem einfachen Trick lassen sich Kalt- und Warmgeräte thermisch gut voneinander trennen. Neben der guten Wärmedämmung moderner Geräte können Sie zusätzlich an die Schrankwand zwischen Backofen und Kühlschrank eine Alufolie kleben. Die sehr gute Wärmedämmung eines modernen Kühlschranks mit mehreren A-Sternen ermöglicht sogar ohne Alufolie einen stromsparenden Betrieb.

## 1.8 Kleingeräte unsichtbar machen – Arbeitsfläche gewinnen

In Möbelhäusern ausgestellte Küchen sehen sehr aufgeräumt aus und erwecken so den Eindruck, als hätten sie mehr als genügend Arbeitsfläche. Der Alltag sieht jedoch anders aus, weil meist zahlreiche Elektrogeräte auf der Arbeitsplatte abgestellt sind: Kaffee- und Brotschneide-Maschine, Toaster und Co. Um diese Kleingeräte aus dem Blickfeld der Küche zu bekommen und oft auch Arbeitsfläche zu gewinnen, können Sie geeignete Modelle in Kästen und Unterschränke einbauen.

### 1.8.1 Einbau-Kaffeeautomaten

Neben den bekannten Kaffeemaschinen führt der Handel Einbau-Kaffeeautomaten. Diese Geräte arbeiten mit dem Bohnensystem oder kleinen Kaffeekapseln und sind recht teuer. Einfache Modelle kosten rund 1.500 Euro oder mehr und damit das Doppelte hochwertiger freistehender Geräte. Die Hersteller haben die Einbaugeräte für mehrere Schrankgrößen im Programm. Die meisten Modelle haben eine Höhe von rund 35 cm und sind für 60 cm breite Küchenschränke vorgesehen. Es gibt auch 45 cm hohe Geräte und solche, die in 50-cm-Schränke passen. Einbau-Kaffeeautomaten stehen zwar nicht frei herum, benötigen aber meist so viel Platz wie ein Wandschrank mit zwei Fächern und damit deutlich mehr als viele freistehende Kaffeemaschinen. Mitunter ist es deshalb vor allem in kleineren Küchen nicht einfach, einen

**Abb. 1.21** – Einbau-Kaffeeautomat

geeigneten Einbauplatz zu finden. Der Kaffeeautomat sollte nicht höher als 1,30 m über dem Fußboden montiert sein, darunter passt der Backofen. Bei dieser maximalen Einbauhöhe können Sie bequem beide Geräte bedienen. Kommt noch die Breite eines Einbaukühlschranks hinzu, benötigen Sie eine Wandlänge von mindestens 1,2 m, die als Arbeitsfläche ausscheidet. Möchten Sie auch einen Mikrowellenherd und/oder Dampfgarer einbauen lassen, ist eine Wandlänge von bis zu 1,80 m erforderlich – zumindest wenn Sie Küchengeräte mit Standardabmessungen verwenden, schmalere Geräte benötigen weniger Platz.

Einbau-Kaffeeautomaten können das Wasser auf zwei verschiedenen Wegen erhalten. Meist ist ein separater Kaltwasseranschluss erforderlich. Dadurch muss man die Maschinen nicht per Hand mit Wasser füllen, was allerdings verschiedene Geräte alternativ erlauben. Da der Kalt- und Warmwasseranschluss für Spüle und Geschirrspüler oft weitab vom Einbauort der Kaffeemaschine untergebracht ist, ist der zusätzliche Wasseranschluss nachträglich manchmal nur mit sehr hohem Installationsaufwand realisierbar. Alternativ kommt auch eine frei verlegte Schlauchleitung infrage, wenn Sie die Schläuche hinter den Küchenschränken verstecken. Die Schlauchleitung schließen Sie an die Spülarmatur an. Ein unabhängiger Wasseranschluss wäre zwar anzuraten, da er mehr Sicherheit liefert als ein frei verlegter Schlauch. Das zusätzliche Wasserrohr benötigt allerdings Platz und misst zusammen mit der Absperrvorrichtung eine Tiefe von 10 cm. Damit passt es kaum hinter einen Unterbauschrank mit einer Gesamttiefe von rund 55 cm, ohne Platz für die ausziehbare Schublade wegzunehmen. Ein Ausweg können Ecken sein. Ist in einem Eckschrank ein Drehkorb eingebaut, haben Sie an den Seiten genügend Platz, um den Kaltwasseranschluss zu installieren. Eckschränke haben allerdings manchmal sehr kleine Türen, sodass man den Anschluss nur schwer erreicht. Diesen Punkt müssen Sie im Vorfeld klären, weil der Wasseranschluss problemlos erreichbar sein sollte. Direkt hinter dem Einbau-Kaffeeautomaten sollte man deshalb den Wasseranschluss nicht montieren.

Schließlich sollte im Einbaubereich des Kaffeeautomaten eine Steckdose greifbar sein. Da das Anschlusskabel des Geräts nicht allzu lang ist, sollte die Steck-

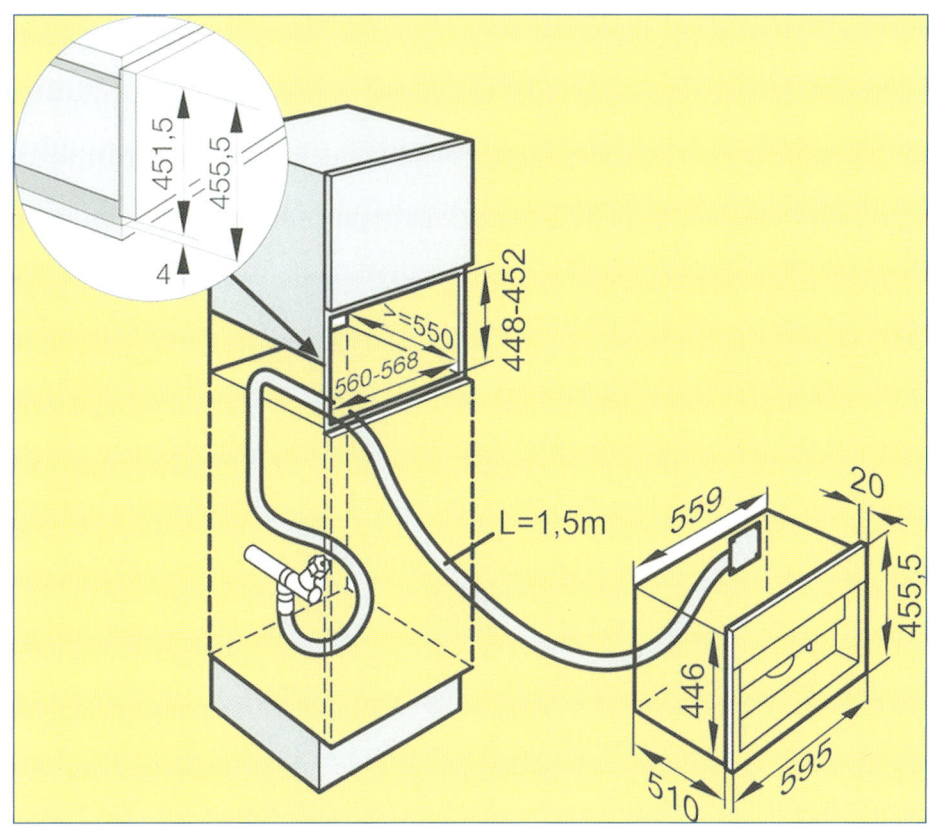

Abb. 1.22 – Die Grafik zeigt den Einbau eines Kaffeeautomaten.

dose hinter oder knapp unter der Kaffeemaschine in die Wand eingebaut sein. Weniger professionell, aber auch denkbar ist ein Verlängerungskabel, das zu einer Steckdose hinter der Küchenzeile führt.

## 1.8.2 Brotschneidemaschine im Wandkasten

Die Brotschneidemaschine zählt zu den wichtigsten Küchenutensilien auf der Arbeitsplatte und muss stets griffbereit sein. Sie haben zwei Möglichkeiten, um das Gerät aus dem Blickfeld der Küche zu rücken. Sie können es zum Beispiel in einem kleinen Kasten auf der Arbeitsplatte deponieren, den Sie an der Wand befestigen (Abb. 1.23). Die Maschine ist an die Innenseite der Kastentür angeschraubt und lässt sich so bequem nach vorne klappen. Zwei Gummifüße setzen die Schneidemaschine waagerecht auf die Arbeitsfläche und verhindern, dass

**Abb. 1.23** – Unscheinbar und platzsparend sind kleine Kästen auf der Arbeitsfläche, in denen die Brotschneidemaschine untergebracht ist.

die darunter liegende Arbeitsfläche im Laufe der Jahre beschädigt wird. Die Abmessungen des Kastens sind von den Abmessungen der Schneidemaschine vorgegeben. Seine Tür ist mit stabilen Scharnieren schwenkbar ausgeführt und stellt sicher, dass die Maschine nicht einfach mal so herausklappen kann. Zum Betrieb der Schneidemaschine ist eine Steckdose erforderlich, die Sie in eine der unteren Ecken des Kastens einbauen können. Sie sollten deshalb bereits im Planungsstadium der Küche an dem Platz, wo die Brotschneidemaschine später stehen wird, einen 220-Volt-Anschluss einplanen.

Der beschriebene Kasten ist zwar praktisch, man sollte allerdings die Maschine nach jedem Gebrauch ausreichend reinigen. Die Brotkrümel kippen Sie sonst beim Schließen der Tür ins Gehäuse.

**Abb. 1.24** – An der Tür sind neben den Griffen auch kleine Ablageflächen befestigt, die die Vorderseite des Kastens und die Arbeitsplatte schützen.

Abb. 1.25 – Herausgeklappte Brotschneidemaschine

### 1.8.3 Versenkbare Küchengeräte

Die Küchen- und Brotschneide-Maschine sowie andere häufig genutzte Kleingeräte können Sie in der Küchenzeile unterhalb der Arbeitsplatte in einem Unterbauschrank verstecken und bei Bedarf hochfahren. Dazu bauen Sie in einen der Schränke eine nach oben klappbare Bühne ein, die eine stets waagerechte Grundplatte trägt. Auf diese Grundplatte schrauben Sie das Küchengerät. Richtig eingebaut, lässt sich die Bühne exakt auf die Höhe der Arbeitsfläche hochschwenken und rastet vor der Arbeitsplatte ein (Abb. 1.27). Bequem: Brauchen Sie die Küchenmaschine oder die Brotschneidemaschine, müssen Sie auf der Arbeitsplatte nicht erst Platz schaffen und Dinge beiseite räumen. Für sehr enge Küchen ist diese Methode trotzdem weniger anzuraten, weil ausgefahrene Schwenkbühne und Arbeitsplatte zusammen eine Tiefe von 1 m oder mehr haben. Mitunter bleibt kaum noch Platz, um dahinter vorbeigehen zu können. Für die schwenkbare Vorrichtung muss man außerdem zwei Drittel der Höhe des Unterbauschranks einrechnen, von dem dadurch viel Stauraum ungenutzt bleibt. Wegen des großen Platzbedarfs werden solche Vorrichtungen meist nur in größere Küchen eingebaut, bei denen der Verlust an Stauraum nicht besonders schmerzt.

Um die versenkbare Küchenmaschine mit Strom zu versorgen, sollte man etwa in der Mitte des Unterschranks nahe am oberen Rand eine Steckdose einplanen. Die Anschlusskabel der meisten Küchengeräte sind dafür lang genug. Alternativ bleibt nur, die Maschine jedes Mal mühselig an einer der Steckdosen hinter der

Arbeitsplatte ein- und wieder ausstecken zu müssen. Vergisst man, den Gerätestecker nach getaner Arbeit herauszuziehen, sind außerdem Schäden am Gerät und/oder der Schwenkvorrichtung vorprogrammiert.

### 1.8.4 Regale mit Rollläden oder Schiebetüren für Toaster und Co

Zu den kleineren Küchengeräten des täglichen Bedarfs zählen Toaster und Plattengrill. Auch sie lassen sich leicht unsichtbar machen, sodass man sie nach dem Gebrauch nicht wegräumen muss. Eine Möglichkeit sind Regale mit Rollläden, die bis zur Arbeitsplatte reichen (Abb. 1.28, rechte Seite). In den oberen Fächern können Sie beispielsweise Kochbücher, Dekorgegenstände und andere Küchenutensilien lagern. Das untere Fach auf dem Niveau der Arbeitsplatte kommt dagegen für die kleinen Küchengeräte infrage. Sind im Regal bereits Steckdosen eingebaut, können die Geräte einge-

Abb. 1.26 – Hochschwenkbare Bühne unter der Arbeitsplatte.

Abb. 1.27 – Die herausgeklappte Bühne benötigt vor der Arbeitsplatte ausreichend Platz und ist deshalb vor allem für große Küchen interessant.

Abb. 1.28 – Hinter Schiebetüren und Rollladen können Sie kleine Küchenutensilien verstecken. Die unteren Fächer mit eingebauter Steckdose eignen sich, um kleine Küchengeräte zu verstauen.

steckt bleiben und sind so jederzeit betriebsbereit. Vor und nach dem Gebrauch müssen Sie die Geräte nur etwas vor- und zurückzuschieben. Einen Plattengrill müssen Sie zuerst zusammenklappen, um ihn im Fach abstellen zu können.

Neben dem Rollladen-Regal können Sie im hinteren Teil der Arbeitsplatte kleine Schiebetüren einplanen (Abb. 1.28, linke Seite). Auch dort lassen sich kleinere Küchengeräte zeitsparend verstauen. Mit eingebauten Steckdosen sind die Geräte jederzeit betriebsbereit.

Abb. 1.29 – Rollladensysteme kann man auch abseits der großen Küchenschränke aufbauen.

## 1.9 Die perfekte Beleuchtung

Damit Sie in der Küche komfortabel arbeiten können, ist ausreichend Licht erforderlich, das außerdem zum Ambiente der Küche passen sollte. Vor allem der Arbeitsbereich um das Kochfeld und die Spüle müssen in den Abend- und Nachtstunden gut ausgeleuchtet sein. Dafür sind an der Unterseite der Hängeschränke Spots, aber auch kleine Leuchtstofflampen montiert (Abb. 1.30 und Abb. 1.32). Je gleichmäßiger das Licht die gesamte Arbeitsplatte ausleuchtet, umso besser können Sie arbeiten. Anstatt der angeschraubten Lampen können die Spots auch in die Unterseiten der Hängeschränke eingebaut sein. Das sieht edler aus, weil die Leuchten weitgehend unsichtbar sind (Abb. 1.31). Besteht der Boden der Hängeschränke aus mattem Glas, sind die Lampen dahinter noch besser verborgen. Gemeint sind zwei Glasscheiben: eine ist die von unten sichtbare Unterseite des Schranks, die zweite ist der Boden des unteren Fachs, auf dem Sie beispielsweise Teller abstellen können. Im Hohlraum dazwischen ist eine Leuchtstofflampe eingebaut, die nicht nur nach unten, sondern auch in den Schrank hineinleuchtet. Dadurch gewinnen Sie nicht nur ein gleichmäßiges Licht, das den Arbeitsbereich unter den Hängeschränken blendfrei ausleuchtet. Die Schränke sind auch innen gut ausgeleuchtet, was praktisch ist, wenn Sie daraus Geschirr entnehmen. Sind auch die Vorderseiten

**Abb. 1.30** – Angeschraubte Leuchte an der Unterseite eines Hängeschranks.

**Abb. 1.31** – In den Wandschrankboden eingebaute Leuchte.

oder Fronten der Hängeschränke aus Glas, sorgt die Beleuchtung für tolle Effekte, die der Küche einen unverwechselbaren Stempel aufdrücken. Während Sie separat zu montierende Lampen jederzeit anbauen können, sollten Sie Beleuchtungssysteme, die in die Unterseite der Wandschränke eingebaut sind, bereits beim Planen der Küche berücksichtigen.

Alternativ zur Einbaumethode können Sie die Arbeitsplatte durch kleine Glasregale beleuchten, die Sie etwa mittig an der Wand hinter der Arbeitsplatte befestigen. Kleine, eingebaute Leuchtstofflampen sorgen für besonders wirkungsvolles Licht. Die Regallösung passt vor allem zu moderneren Küchen.

**Abb. 1.32** – Leuchtstofflampen an der Unterseite des Hängeschranks beleuchten den Arbeitsbereich.

**Abb. 1.33** – Schaltbare Lampen in Hängeschränken.

### Arbeitsinseln

Nicht ganz so leicht sind Arbeitsinseln auszuleuchten (vgl. Kapitel 1.3). Diese Aufgabe übernehmen Dunstabzüge, in die ausgeklügelte Lichtsysteme eingebaut sind (Abb. 1.34). Genügt Ihnen die Lichtstärke nicht, können Sie beispielsweise an der Zimmerdecke zusätzliche Spots montieren.

### Unterschränke

Auch in Unterbauschränke können Lampen eingebaut sein, die sich einschalten, sobald Sie die Tür öffnen. Durch die bessere Ausleuchtung finden Sie die gesuchten Küchenutensilien leichter und sparen sich unnötiges Suchen.

**Abb. 1.34** – Der Dunstabzug beleuchtet mit Spots die Kochstelle.

**Abb. 1.35** – Im Unterbauschrank eingebaute Lampe.

## 1.10 Material für Arbeitsplatte auswählen

Arbeitsplatten bestehen aus unterschiedlichsten Materialien. Um Ihnen einen Überblick zu geben und so die Auswahl zu erleichtern, nennt dieses Kapitel die Vor- und Nachteile der einzelnen Baustoffe. Es erläutert außerdem, wie man sie fachgerecht handhabt und pflegt, damit man lange seine Freude daran hat.

### Schichtstoffplatten

führt der Fachhandel in zahlreichen Holzdekors, aber auch mit nachgebildeten Natursteinen. Diese Arbeitsplatten bestehen aus einer Spanplatte mit einer aufgeleimten Schichtstoffauflage aus Hochdrucklaminat (HPL). Diese sogenannten HPL-Platten sind ausgesprochen hart und stark beanspruchbar. Wegen der großen Auswahl an Dekoren und des günstigen Preises zählen sie nach wie vor zu den beliebtesten Küchen-Arbeitsplatten. Im Gegensatz zu den ebenfalls beliebten Natursteinplatten sind sie nicht nur preiswerter, sondern auch einfacher einzubauen. Schichtstoffplatten sind außerdem pflegeleicht und lassen sich mit Wasser und etwas Spülmittel abwischen. Heiße Pfannen und Töpfe sollte man allerdings nicht direkt auf die Arbeitsplatte stellen, sondern Topfuntersetzer verwenden. Da Schichtstoffplatten nur bedingt kratzfest sind, sind für Schneidearbeiten mit dem Küchenmesser Unterlagen anzuraten.

### Massivholzplatten

erfreuen sich wachsender Beliebtheit. Ebenso wie Schichtstoffplatten sind sie aber nicht kratz- und schnittfest und außerdem nicht sehr hitzebeständig. Offenporiges Massivholz müssen Sie zudem regelmäßig wachsen, sonst bekommt es schon nach kurzer Zeit Flecken. Bei Arbeitsplatten aus Massivholz können Sie allerdings die Oberfläche abschleifen, wenn sie unansehnlich geworden ist. Die Arbeitsplatten dürfen Sie nur feucht mit etwas Neutralreiniger abwischen, das Holz darf dabei nicht zu nass werden.

### Natursteinplatten

haben die Hersteller in zahllosen Farben im Programm. Messerschnitte und heiße Töpfe können diesen Arbeitsplatten, die meist aus Granit bestehen nichts anhaben. Marmor ist dagegen nicht zu empfehlen, weil zu weich und nicht säurefest. Der Nachteil der Natursteinplatten ist allerdings ihr hohes Gewicht, was den Einbau aufwendig macht (vgl. Kapitel 3.4). Sie säubern sie mit etwas Wasser und Reiniger, Kalkränder beseitigen Sie mit Zitronensäure. Essig muss man sofort abwischen. Vor Inbetriebnahme der Küche reiben Sie den Stein mit einem Pflegemittel ein.

Natursteinplatten müssen nicht unbedingt auf Hochglanz poliert sein, die Oberfläche kann auch leicht angeraut sein. Das sieht schön aus, und die Arbeitsplatte wirkt wärmer, wenn man sie mit der Handfläche berührt.

### Edelstahlplatten

sind meist aus Großküchen bekannt, vermehrt aber auch in Privatwohnungen anzutreffen. Sie sind sehr hygienisch, hitzebeständig und leicht zu pflegen, allerdings nicht kratzfest. Sie sollten deshalb abgestellte Töpfe oder Teller nicht verrücken und sei es nur geringfügig. Das kann allerdings unabsichtlich geschehen, wenn man einen Teller aufhebt. Die Folge können ewig sichtbare Kratzer sein. Fachleute machen deshalb darauf aufmerksam, dass eine Edelstahlplatte schon nach einem halben Jahr so aussehen kann wie eine zehn Jahre alte Küche. Hinzu kommen die sehr hohen Anschaffungskosten, die deutlich über denen selbst sehr teurer Natursteinplatten liegen. Schichtstoff- und Massivholz-Platten sind zwar auch nicht kratzfest, die Kratzer fallen aber wegen der Struktur des Materials nicht so stark ins Auge.

Am schönsten wirkt die Edelstahl-Arbeitsplatte frisch poliert. Jeder Arbeitsschritt, jeder Wassertropfen und Fingertapper hinterlassen

Abb. 1.36 – Nur schön, wenn sie neu sind: Arbeitsplatten aus gebürstetem Metall.

allerdings ihre Spuren. Die Edelstahlplatte ist deshalb sehr pflegeintensiv, wenn Sie sie schön halten möchten. Damit sie wie neu funkelt, muss man sie gelegentlich mit Spezialreiniger säubern. Wenn Sie Geld sparen möchten, können Sie die Edelstahlplatte alternativ auch mit Kartoffelschalen abreiben.

### Kombinierte Baustoffe

Die Zeiten, in denen die gesamte Arbeitsplattenfläche einer Küche aus einem einzigen Material bestehen musste, sind längst vorbei. Heute lassen sich beispielsweise Naturstein- und Massivholz-Platten bestens kombinieren, was für L-förmige Küchen interessant ist. Im Kochbereich, wo man mit Töpfen und Pfannen hantiert und Lebensmittel mit dem Messer schneidet, ist eine stabile Natursteinplatte zu empfehlen. Für die Fläche, auf der Sie dagegen bevorzugt Teller abstellen, um sie in den Schrank zu räumen, kommt eine Arbeitsplatte aus Massivholz infrage. Abgesehen von diesem Beispiel können Sie auch andere Baustoffe miteinander kombinieren, um die gesamte Arbeitsfläche zusammenzubauen.

Abb. 1.37 – Kombinierte Naturstein- und Massivholz-Arbeitsplatte.

# 2 Traumküche perfekt planen – Leitfaden zum Vorgehen

Wenn Sie die Überlegungen nach Kapitel 1 abgeschlossen haben und wissen, wie Ihre Traumküche ungefähr aussehen soll, kann es an die perfekte, maßstabsgerechte Planung gehen. Der erste Schritt dahin ist eine Handskizze.

## 2.1 Handskizze bildet erste Gedanken ab

Mit einer Skizze können Sie mit wenigen Strichen erste Gedanken bildlich festhalten. Sie zeigt, welche Grundform die Küche annimmt, wo Elektrogeräte und die Spüle geplant sind und wie viel Stauraum nutzbar ist. Handskizzen haben nur einen Nachteil: Sie sind nicht maßstabgetreu und verraten deshalb kaum, ob sich die eigene Idee auch wirklich umsetzen lässt. Trotzdem sind diese Notizen eine gute Ausgangsbasis für die konkrete Planung, die am einfachsten am PC gelingt. Dies gelingt im Hnadumdrehen mit der 3-D-Planungssoftware, die diesem Buch beiliegt.

## 2.2 Küche mit Planungssoftware am PC zeichnen

Um die Küche am PC zu planen, ist als Software der mitgelieferte 3D-Küchenplaner zu empfehlen. In wenigen Minuten zeichnen Sie einen komplexen Grundriss, setzen Türen und Fenster ein und stellen die Küchenmöbel auf. Mit einem Mausklick schalten Sie auf die dreidimensionale Ansicht um und sehen Ihre Ideen vor sich. Jetzt verändern Sie Farben, Materialien und Beleuchtung und fügen weitere Details hinzu – Klick für Klick realisieren Sie so Ihre Traumküche.

### Bedienung

Das Programm ist leicht zu durchschauen und zu bedienen. Nachdem Sie es gestartet haben, fallen in der linken Menüseite verschiedene Mauern ins Auge (Abb. 2.1). Mit ihnen zeichnen Sie einen maßstabgetreuen Grundrissplan des Raumes, in dem die Küche untergebracht werden soll. Dazu wählen Sie eine Mauerstärke aus und beginnen im großen weißen Feld zu zeichnen. Da die Länge der eingezeichneten Mauern eingeblendet wird, kann man das Naturmaß der Küche bequem in den Plan übernehmen (Abb. 2.2). Alle Mauern, egal ob gerade oder schräg, lassen sich in einem Durchgang einzeichnen. Die ausgewählte Mauerstärke ist nebensächlich, da sie für die Küchenplanung keine Rolle spielt. Nachdem Sie die Mauerstücke zu einem ge-

schlossenen Raum vereint haben, zeigt die Software die Raumgröße in Quadratmetern an. So können Sie prüfen, ob die Größe mit den Angaben im Bauplan übereinstimmt. Danach zeichnen Sie Tür und Fenster ein. Dafür hält der 3D-Küchenplaner zwei separate Menüpunkte bereit, aus denen Sie verschiedene Türen und Fenster auswählen können (Abb. 2.3). Ist der Raum mit Fenstern und Tür komplett eingezeichnet, können Sie die Küchenmöbel eintragen. Dazu wählen Sie in der linken Menüleiste unter *Möbel Küche* aus und verschiedene Unterbau- und Hänge-Schränke sowie Regale sind abrufbar. Wählen Sie einen Gegenstand aus der Liste, wird das Möbelstück in einer Vorschau angezeigt. Gefällt es, übernehmen Sie es per drag and drop in den Plan und setzen es an die gewünschte Stelle (Abb. 2.4). So zeichnen Sie auch alle übrigen Küchenelemente, inklusive der Sitzgelegenheiten ein. Da die Auswahl an Küchenmöbeln auf der Küchenplaner-Installations-CD begrenzt ist, hält die Software eine weitere Datenbank auf einer DVD bereit, die mitgeliefert wird. Auf ihr finden Sie 18.000 Küchen-Möbelstücke, die kaum Wünsche offen lassen. Damit sind die Möglichkeiten der Software allerdings noch nicht erschöpft. Möchten Sie lieber eine rote statt einer braunen Küche, können Sie jedes Schrankelement neu einfärben (Abb. 2.5). Gleiches gilt für Türen, Fenster und Wände. Mit der

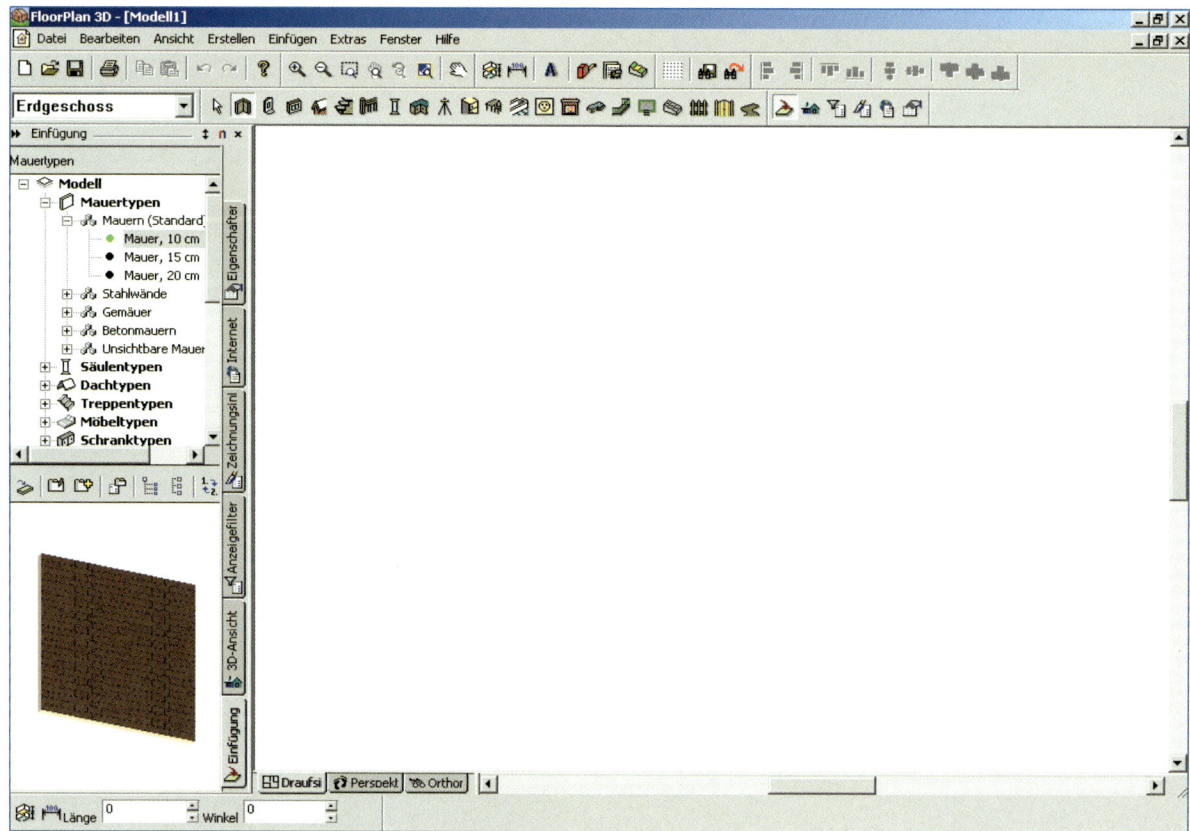

Abb. 2.1 – 3D-Küchenplaner, nachdem man ihn gestartet hat.

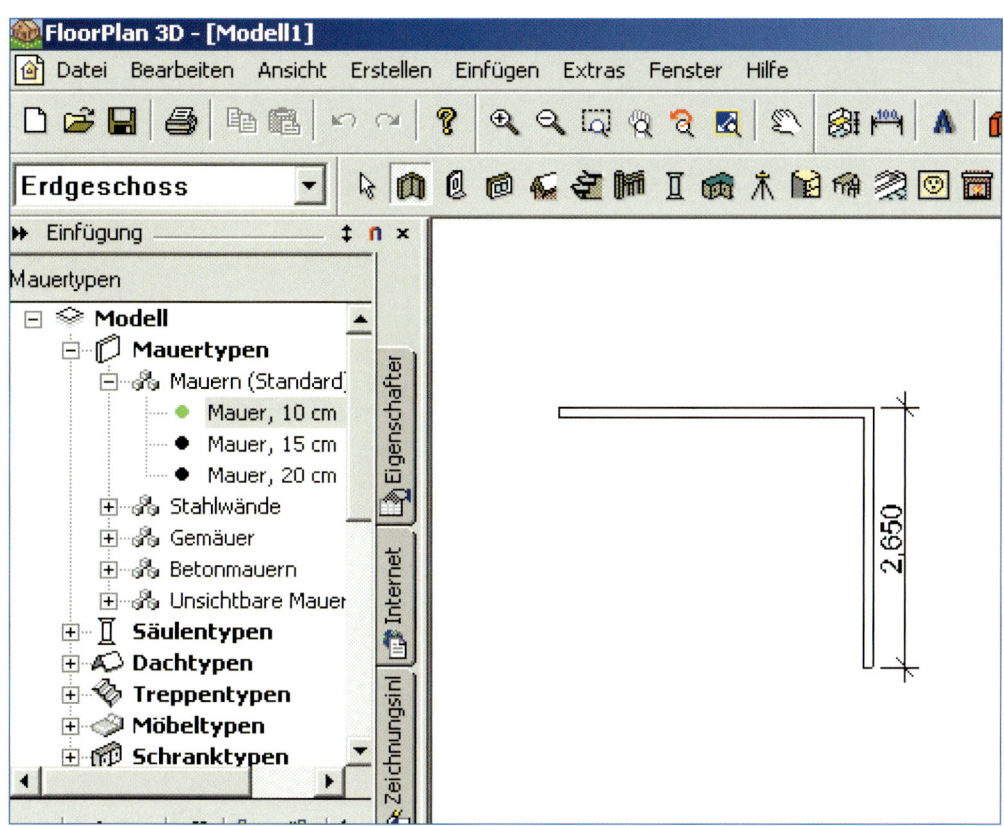

**Abb. 2.2** – Beim Einzeichnen der Mauern blendet das Programm die augenblickliche Länge ein.

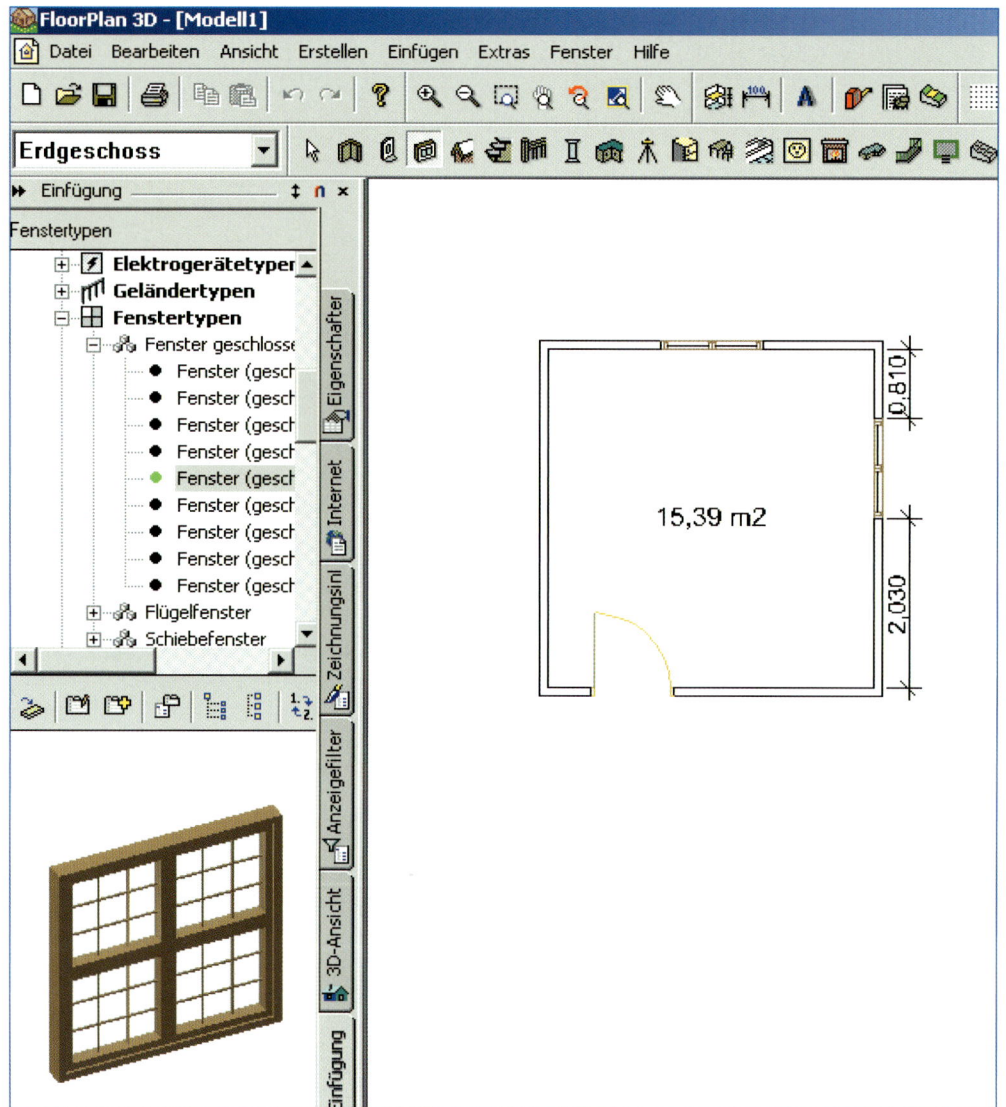

**Abb. 2.3** – Sie können verschiedene Türen- und Fenster-Modelle auswählen und zentimetergenau in den Plan einfügen.

Planungssoftware können Sie außerdem die Möbelstücke in den Abmessungen individuell konfektionieren und so an die Gegebenheiten im Raum anpassen (Abb. 2.6). Damit Sie die Küche räumlich so sehen, wie sie in der Realität aussehen würde, liefert die dreidimensionale Ansicht des Programms einen optimalen Überblick (Abb. 2.7). Mit der 3-D-Ansicht sehen Sie sofort, ob die geplante Küche gefällt. Schließlich erlaubt es die Software, die virtuelle Küche mit Details wie einem Blumenstrauß auszuschmücken.

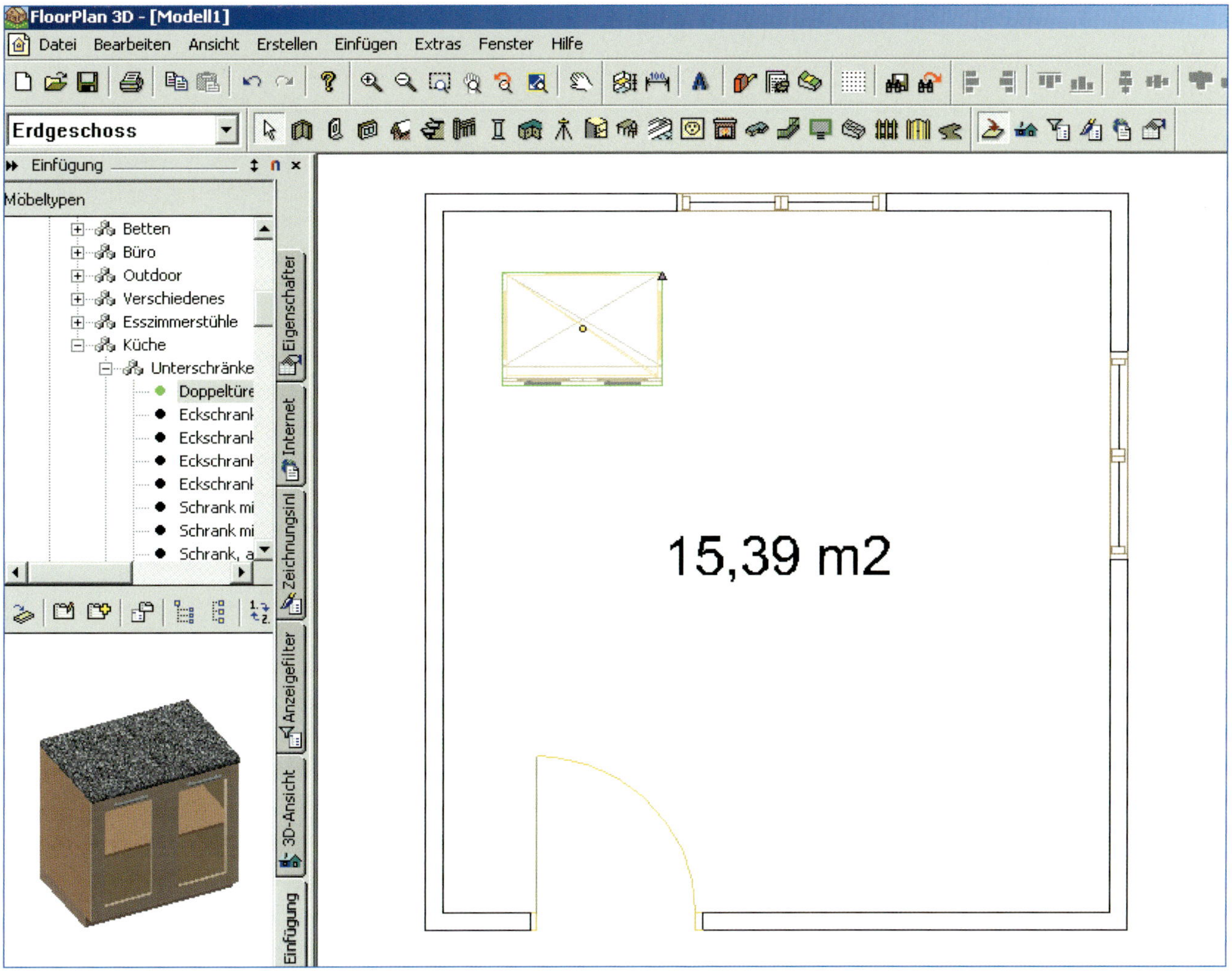

**Abb. 2.4** – Das ausgewählte Schrankelement erscheint in der Vorschau. Wenn das Möbelstück gefällt, kann man es in den Plan übernehmen und an die gewünschte Stelle setzen.

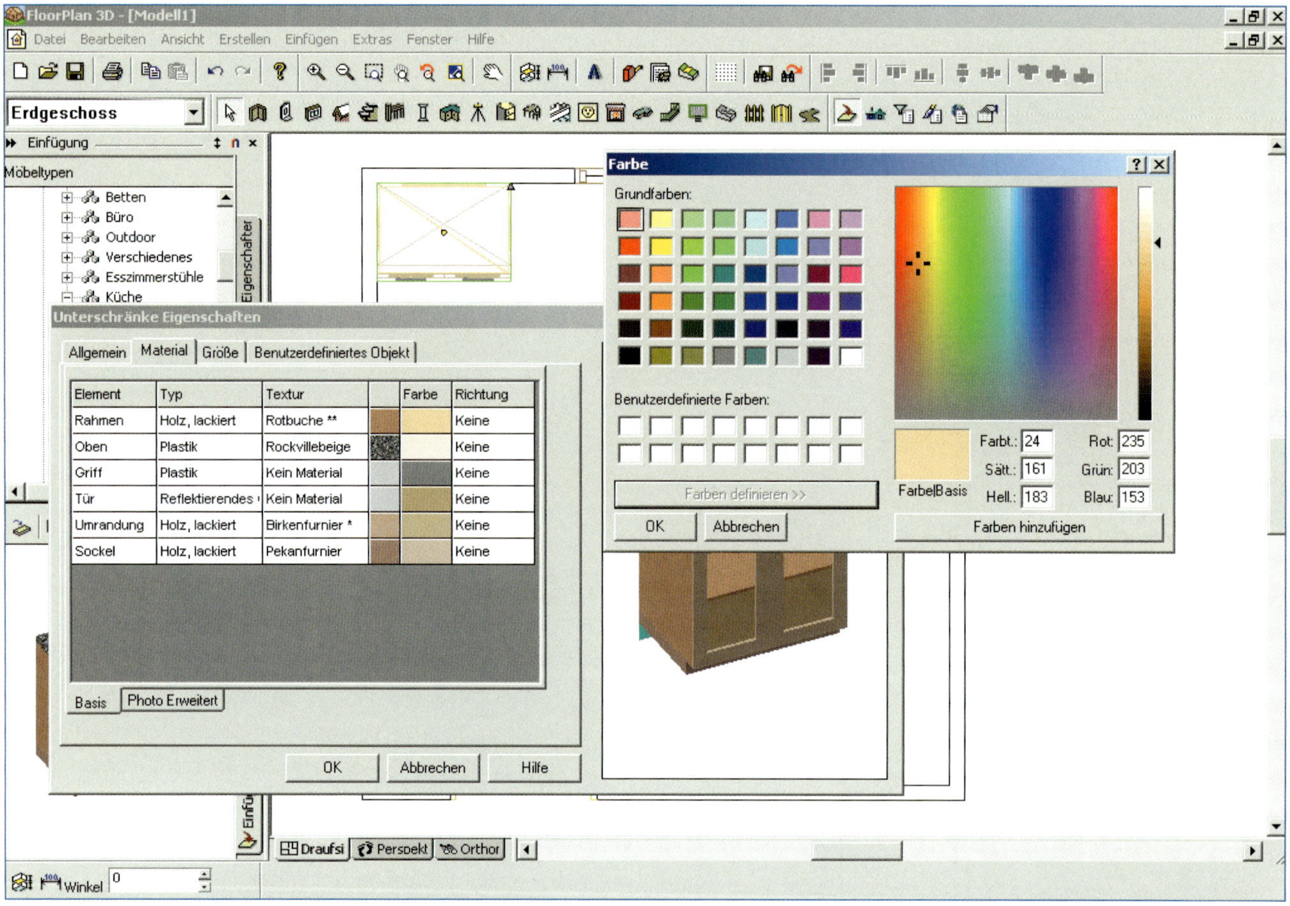

**Abb. 2.5** – In diesem Untermenü können Sie für Möbelstücke neue Farben auswählen.

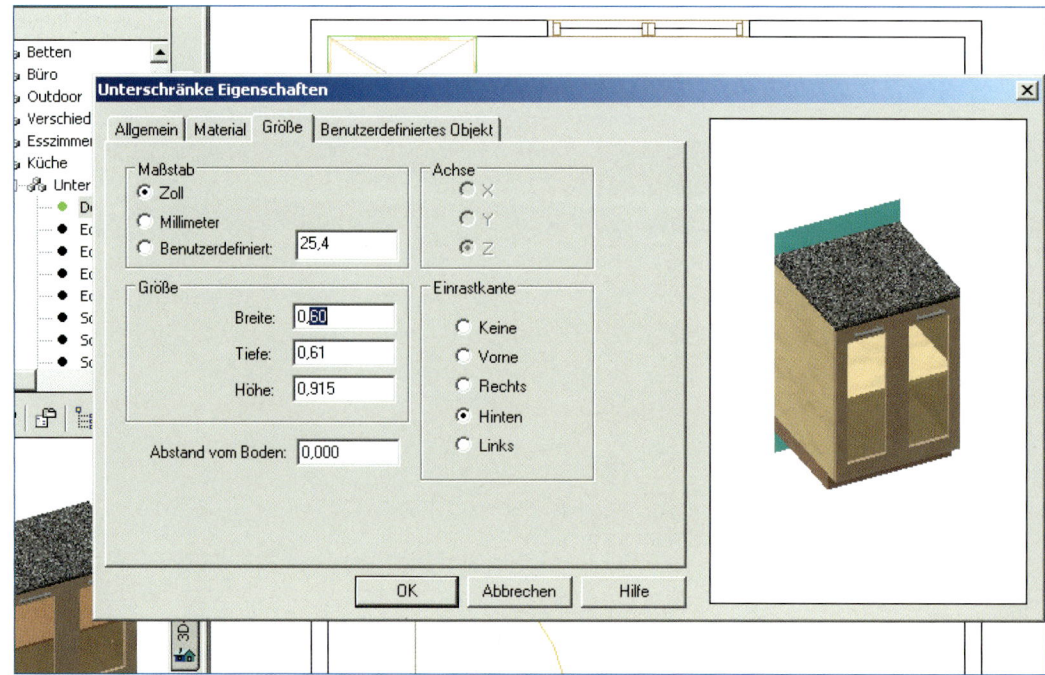

**Abb. 2.6** – Nicht immer passen bei Küchenmöbeln die von der Software bereitgestellten Standardgrößen. Breite, Höhe und Tiefe können Sie deshalb individuell anpassen.

42

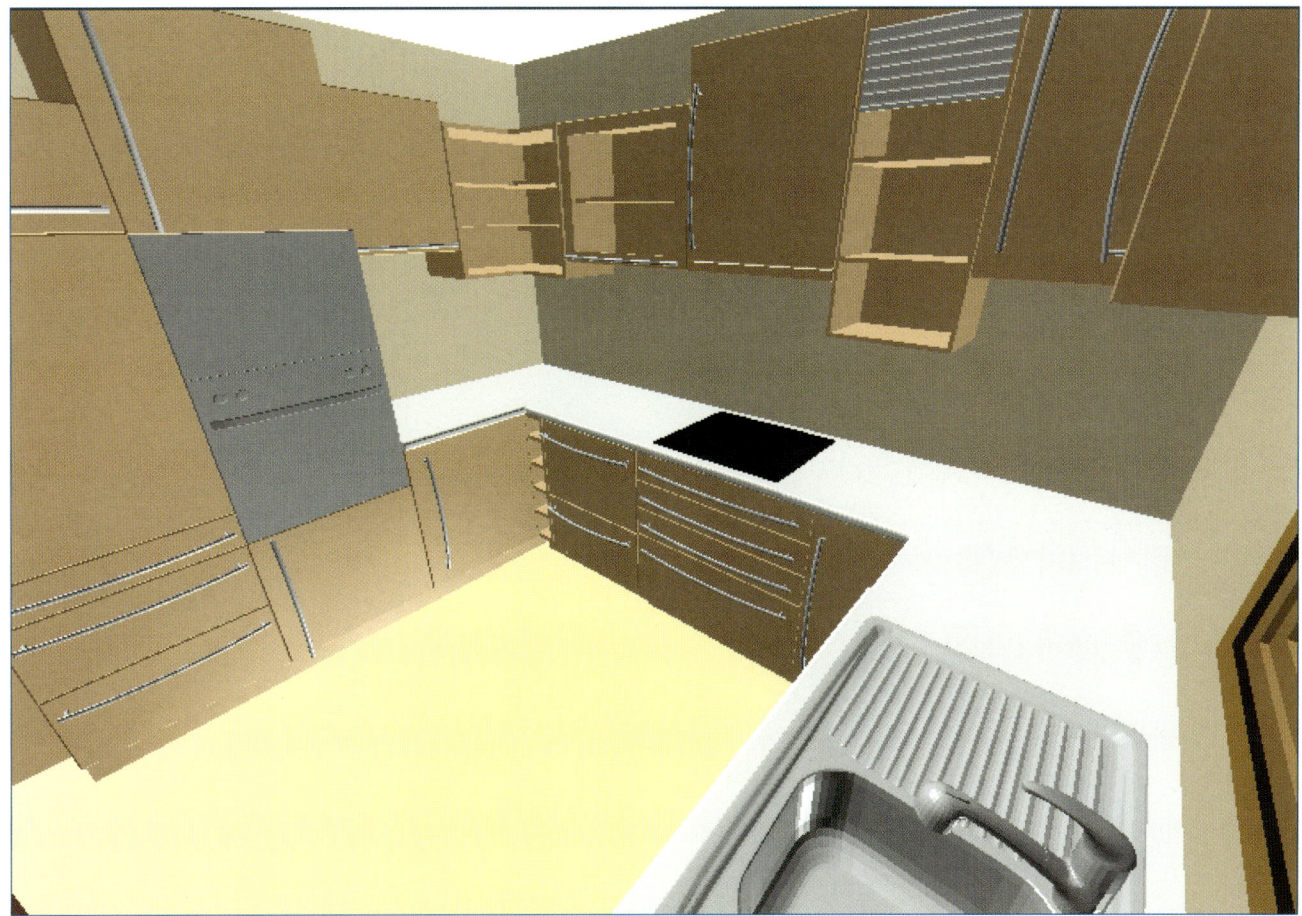

Abb. 2.7 – 3-D-Ansicht der selbst geplanten Küche.

## 2.3 Traumküche im Detail planen

Nachdem Sie die Küche am PC nach Kapitel 2.2 entworfen haben, ist die Detailplanung an der Reihe. Damit konkretisieren Sie Ihre Ideen maßstabsgetreu, damit diese in der Praxis auch tatsächlich umsetzbar sind. Sie vergleichen die Küchenmöbel und -geräte der Hersteller und schauen, welche für Ihre Traumküche infrage kommen. Dazu gibt dieses Unterkapitel zahlreiche Tipps.

### 2.3.1 Abmessungen der Küchenmöbel

Von der Länge und Breite des Küchenraums hängen die erforderlichen Abmessungen der Küchenmöbel ab. Ist der Raum beispielsweise 3,0 m breit, können Sie fünf Normschränke mit einer Breite von je 60 cm unterbringen. Möchten Sie stattdessen einen breiteren Schrank einbauen, müssen Sie zuerst nachschauen, in welchen Breiten dieser erhältlich ist. Bei einigen Herstellern haben Sie die Wahl zwischen 60- oder 90-cm-Schränken, was die Planung relativ leicht macht. Für andere Küchen sind dagegen nur 80er-Schränke lieferbar, und nicht jedes Schrankmodul ist auch in einer kleineren Größe erhältlich. Trotzdem Entwarnung: Zumindest Hängeschränke sind nicht nur in verschiedenen Breiten, sondern auch in unterschiedlichen Höhen zu bekommen. Wandschränke können 40 cm, 70 cm, 80 cm oder sogar mehr als 90 cm hoch sein. Dadurch kann man sie an die Abmessungen des Küchenraums anpassen und durch

Abb. 2.8 – Flache Hängeschränke geben einer Küche zwar einen modernen Touch, liefern aber nur wenig Stauraum.

die Auswahl unterschiedlicher Höhen die Küche optisch auflockern (Abb. 2.9). Die besonders flachen 40-cm-Schränke sind meist in sehr modernen Küchen anzutreffen. Sie sehen zwar nett aus, liefern aber weniger Stauraum als die höheren Modelle.

Abb. 2.9 – Unterschiedlich hohe Hängeschränke wirken abwechslungsreich und interessant.

## 2.3.2 Genügend Stauraum schaffen

In Küchen mit zu wenig Stauraum neigen manche Hausfrauen und Hausmänner im Laufe der Zeit dazu, Gegenstände auf den Hängeschränken zu lagern – von der Müslischachtel bis zum Wasserkocher. Damit hinterlassen solche Küchen, selbst wenn sie sauber und aufgeräumt sind, einen mehr oder weniger chaotischen Eindruck. Man sollte deshalb immer genügend Stauraum einplanen. Je nachdem, was

**Abb. 2.10 und Abb. 2.11 –** Der eingebaute Dunstabzug (Abb. 2.10) liefert im Gegensatz zum frei sichtbaren Designermodell etwas mehr Stauraum.

Abb. 2.12 – Sockelschubladen in den Unterbauschränken schaffen Lagerplatz.

Sie verstauen möchten, können Sie bei den Unterbauschränken auf verschiedene Schubladensysteme zugreifen. Die Schubladen können sehr schmal oder besonders hoch sein. Drehkorbsysteme erlauben und Ecken optimal als Stauraum zu nutzen (vgl. Kapitel 1.5). Andere Gegenstände können Sie in offenen Regalen lagern. Platz können Sie auch gewinnen, wenn Sie Schubladen anstelle der Sockelleisten in Unterbauschränken einplanen, um dort Backbleche, Kochtopfdeckel und Co zu lagern (Abb. 2.12). Diese Sockelschubladen sind in verschiedenen Breiten erhältlich, sodass man sie passend zum Unterbauschrank auswählen kann.

### 2.3.3 Einbau-Küchengeräte

Einbau-Küchengeräte können Sie am besten anhand verschiedener Abmessungen in die Küche einplanen. Hersteller haben beispielsweise Einbau-Backöfen in Breiten von 60 cm und 90 cm im Programm. Außerdem können Sie zwischen Modellen mit 45 cm und 60 cm Höhe wählen. Vor allem bei beengten Platzverhältnissen helfen verschiedene Abmessungen, eigene Vorstellungen und Ideen umzusetzen. Spielraum ermöglichen auch unterschiedlich große Kochfelder, die Ausschnittbreiten in der Arbeitsplatte von 56 cm, 60 cm und 78 cm zulassen. Einbau-Mikrowellenherde sind nicht nur im 60-

cm-Standardmaß, sondern auch als schmalere 50-cm-Geräte zu erhalten. Geschirrspüler können 60 cm oder 45 cm breit sein. Das kleinere Modell ist für Miniküchen und typische Ein- bis Zweipersonenhaushalte interessant, in denen nur wenig schmutziges Geschirr anfällt. Bei den Einbau-Kühlschränken haben Sie die größte Auswahl an verschiedenen Höhen. Zu überlegen ist auch, ob Sie einen Kühlschrank mit oder ohne Gefrierfach benötigen.

## 2.3.4 Wie soll die Spüle ausgeführt sein?

Waren noch vor wenigen Jahren freistehende Spülen in der Küche angesagt, hat sich inzwischen wieder die klassische Einbauspüle durchgesetzt. Sie besitzt meist ein bis zwei Spülmulden, die auch verschieden groß sein können, und eine Abtropfwanne. Neben den altbekannten Spülen aus rostfreiem Stahl etablieren sich zunehmend solche aus Kunststoff. Man kann sie

**Abb. 2.13** – Ein großes Kochfeld mit fünf Platten sieht chic aus, benötigt aber viel Platz.

Abb. 2.14 – In Natursteinplatte eingebaute Spüle.

formschön direkt in die Natursteinplatte einbauen, indem man die Abtropfwanne in die Arbeitsplatte einlässt. Dazu lassen Sie vom Steinmetz, der auch die Öffnungen für die Spülwannen zuschneidet, eine kleine Mulde in die Arbeitsplatte fräsen.

## 2.3.5 Mülltrennsysteme

Meist beherbergt der Schrank unter der Spüle, wo auch der Wasseranschluss eingebaut ist, die Behälter für Küchenabfälle. Dort lassen sich allerdings nur kleine Boxen für Bio- und Restmüll, Kunststoff und Co einbauen. Bei

Abb. 2.15 – Trennsystem für Restabfall und Wertstoffe.

größeren Küchen kann deshalb ein Mülltrennsystem interessant sein, das in einem Eckschrank als Drehkorbsystem eingebaut ist. Sie brauchen die Müllboxen dadurch nicht so häufig zu leeren, verzichten aber auf Stauraum.

### 2.3.6 Passender Dunstabzug

Der Dunstabzug besteht aus einem Innenteil und einem Gehäuse und kann bis zu 1,20 m breit sein. Seine Größe richtet sich nach dem Umfang der Kochstelle (Abb. 2.16). Bei der Planung der Dunstabzugshaube lohnt sich auch ein Blick auf die drei Systeme, die der Handel im Programm hat. Beim einfachsten System ist der Motor des Dunstabzugs im Gerät eingebaut, der Abluftschlauch führt ins Freie (Abb. 2.17). Noch leiser sind Systeme, bei denen der Lüftermotor nicht mehr in der Dunstabzugshaube sitzt, sondern am anderen Ende des Abluftschlauchs in der Hauswand. In beiden Fällen müssen Sie bei der Montage nur kurze Rohrleitungen verlegen. Entscheiden Sie sich dagegen für einen Lüfter mit Dachabzug, bei dem der Lüftermotor auf dem Dachboden montiert ist, sind lange Rohrleitungen erforderlich.

Abb. 2.16 – Der Dunstabzug muss die Kochstelle in der gesamten Breite erfassen, um den Kochdunst sicher abführen zu können.

Die bisher vorgestellten Dunstabzugshauben erfordern durch das Verlegen des Abluftrohrs ins Freie einen hohen Installationsaufwand mit viel Stemmarbeiten. Bei den Mauer-Abluftsystemen müssen Sie außerdem die Außenwand für einen Durchbruch öffnen, was nachträglich viel Arbeit und Schmutz verursacht. Sie sollten deshalb nach Möglichkeit das Abluftrohr für den Dunstabzug bereits in der Rohbauphase des Hauses einbauen lassen. Ein Ausweg sind sogenannte Umluft-Dunstabzüge, die keinen Schlauch benötigen, der den Kochdunst ins Freie leitet. Wie der Name bereits vermuten lässt, handelt es sich um ein geschlossenes System, das die von der Kochstelle abgesaugte Luft reinigt und anschließend wieder in den Raum abgibt. Wegen des geringen Installationsaufwands lassen sich Umluft-Dunstabzüge auch nachträglich in jede beliebige Küche einbauen. Da bei diesem System keine direkte Verbindung ins Freie besteht, geht vor allem im Winter keine wertvolle Wärmeenergie verloren. Der Umluftbetrieb ist deshalb für Niedrigenergie- und Passiv-Häuser zu empfehlen.

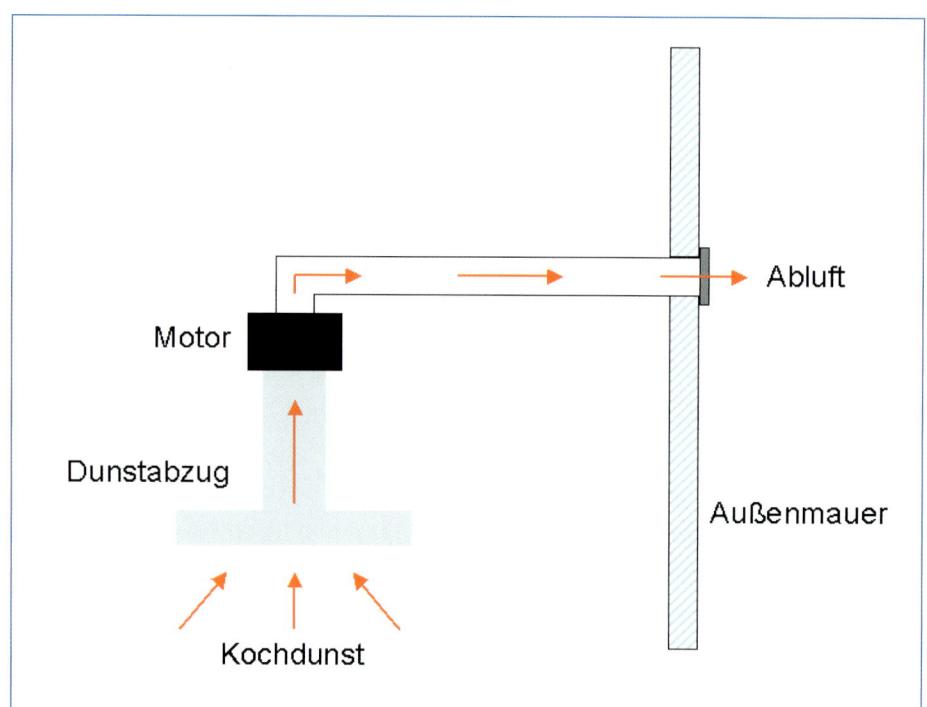

**Abb. 2.17** – Dunstabzug mit eingebautem Motor, der den Kochdunst durch den Schlauch ins Freie bläst.

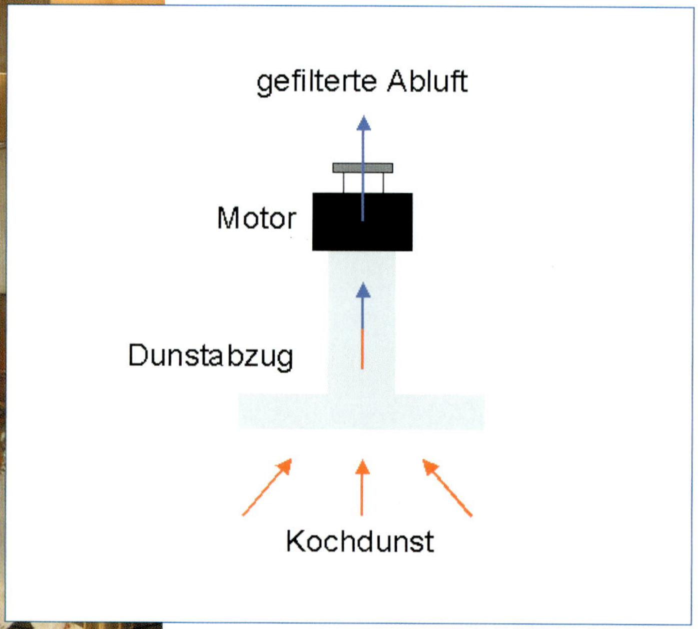

**Abb. 2.18** – Umluft-Dunstabzüge geben die gefilterte Kochluft wieder in den Raum ab und sind für Niedrigenergie- und Passiv-Häuser zu empfehlen.

## 2.4 Besondere Note durch in Wand eingebaute Geräte

Sie können Ihrer Küche eine besondere Note geben, indem Sie Küchengeräte in die Raumwände einbauen. Das geschieht mit sogenannten Verkofferungen, man spricht auch von Wandelementen (Abb. 2.19). Dazu zimmern Sie aus Pressspannplatten ein Gehäuse, das wie eine Wand aussieht, und bauen dort die Geräte ein. Dadurch können Sie beispielsweise einen Kühlschrank auch schräg, zur Hälfte oder noch weiter in der Wand verschwinden lassen. Neben einzelnen Geräten können so auch ganze Schrankreihen bündig mit der Wand abschließen (Abb. 2.23). Verkofferungen eignen sich außerdem, um lange Wände aufzulockern, indem Sie eine komplette Küchenzeile oder nur die Hängeschränke etwas nach vorn versetzt aufbauen. Auch in kleine Verkofferungen auf der Arbeitsplatte, zum Beispiel in einer Ecke, können Sie Küchengeräte wie die Mikrowelle einbauen (Abb. 2.22). Im Rohzustand sind die aus Pressspannplatten gefertigten Wände nicht gerade ansehnlich (Abb. 2.20). Deshalb werden sie verspachtelt und bemalt oder gefliest, sodass sie

Abb. 2.19 – Mit Fliesen verkleidetes Wandelement beherbergt Backofen und Mikrowelle.

im fertigen Zustand nicht mehr von den anderen Wänden zu unterscheiden sind.

Abb. 2.20 – Verkofferung aus Pressspannplatten im Rohzustand.

Abb. 2.21 – Wandelement von innen mit eingebauter Dreifachsteckdose, um die Küchengeräte mit Strom zu versorgen.

Abb. 2.22 – Verkofferung auf Arbeitsplatte mit integriertem Küchengerät.

Abb. 2.23 – Die Grafik zeigt eine Verkofferung mit eingebautem Hängeschrank.

Abb. 2.24 – Das fällt auf: ohne Verkofferung in der Wand eingebauter Kühlschrank.

# 3 Traumküche Schritt für Schritt fachgerecht aufbauen

Haben Sie Ihre Küche fertig geplant und alle Einzelteile beisammen, ist die Montage an der Reihe. Zunächst sollten Sie klären, ob Sie damit einen Fachbetrieb beauftragen oder die Küche selbst aufbauen möchten. Kapitel 3.15 erläutert, welche Punkte man bei der Beantwortung dieser Frage beachten sollte. Entscheiden Sie sich für einen Fachbetrieb, ist das Wissen aus diesem Monatagekapitel trotzdem eine wertvolle Hilfe: Sie können die Arbeit des Fachmanns inhaltlich begleiten und beurteilen und stellen so sicher, dass die Leistung optimal erbracht wird. Möchten Sie dagegen das Werkzeug selbst in die Hand nehmen, sollten Sie zu zweit ans Werk gehen. Viele Arbeitsschritte gelingen zwar auch allein, für manche Handgriffe ist allerdings eine zweite Person erforderlich.

Um dem Anwender die Montage so leicht wie möglich zu machen, beschreiben die folgenden Unterkapitel den Aufbau der Einzelteile anhand einer Beispielküche. Die Unterkapitel 3.2 bis 3.14 bilden dabei den Arbeitsablauf in chronologischer Reihenfolge Schritt für Schritt ab.

Abb. 3.1 – An dieser Stelle soll die Beispielküche entstehen.

## 3.1 Benötigtes Werkzeug

Zur Installation einer Küche benötigen Sie weniger Werkzeug, als Sie vielleicht annehmen (siehe Kasten). Sie müssen beim Aufbau viel messen und die Küchenelemente gerade montieren. Die wichtigsten Werkzeuge sind deshalb ein Maßband, ein Bleistift, eine kurze und eine lange Wasserwaage. Weiter brauchen Sie einen Akkuschrauber mit Aufsätzen für Kreuzschrauben und einige Bohrer mittlerer Größe. Mit dem Schrauber verbinden Sie die einzelnen Schränke miteinander, schrauben die Türscharniere an und erledigen kleine Bohrarbeiten am Holz. Hinzu kommen Kreuzschraubendreher, im allgemeinen Sprachgebrauch auch Kreuzschraubenzieher genannt, in verschiedenen Größen. Mit dieser bescheidenen Ausstattung können Sie bereits viele Arbeiten erledigen. Zur Montage der Wandschränke benötigen Sie außerdem eine Schlagbohrmaschine, um die Löcher zum Befestigen der Schienen zu bohren, an denen man die Schränke aufhängt. Neben den im Kasten genannten Dingen nutzen professionelle Küchenmonteure vor allem 4,5-mm-Holz-Senkkopfschrauben von 30 mm bis 50 mm Länge. Wichtig können auch kleine Keile (Abb. 3.2 links unten) sein, mit denen Sie die Küchenschränke ins Lot bringen. Schutzkappen, die man auf die Schraubenköpfe steckt, lassen die Küche schöner aussehen (Abb. 3.2).

> **Benötigtes Werkzeug auf einen Blick**
> - Maßband von mindestens 3 m Länge
> - große und kleine Wasserwaage
> - Spannzwingen
> - kleine Leiter mit rund vier Sprossen
> - Akkuschrauber mit Bits für Kreuzschrauben und einigen Bohrern
> - Schlagbohrmaschine mit zugehörigen Bohrern
> - Dosenbohrer
> - Hammer
> - spitzer Körner
> - Gummihammer
> - Winkel
> - kurze und lange Kreuzschraubendreher
> - Handsäge
> - Stichsäge
> - (Elektro)hobel
> - Schleifpapier

Abb. 3.2 – Schraubenkiste eines professionellen Küchenmonteurs.

## 3.2 Arbeitsstelle vorbereiten

Zuerst bereiten Sie die Arbeitsstelle vor. Mit Pappe decken Sie den Fußboden bis auf den Bereich ab, in dem Sie die Unterschränke und Einbaugeräte aufstellen möchten. Dadurch hinterlassen die Aufbauarbeiten keine hässlichen Kratzer auf der Fußbodenoberfläche. Neben Rollen mit Pappe kommen dafür auch alte Kartons infrage, die Sie aufschneiden und ausbreiten. Zuerst müssen Sie allerdings die Klammern aus den Kartons entfernen, weil sie sonst den Fußboden zerkratzen.

## 3.3 Unterschränke einbauen

Die Montage der Küche beginnt mit den Unterbauschränken. Falls erforderlich, ziehen Sie zuerst die Schubladen heraus und montieren anschließend die Standfüße. Diese bestehen aus einem Oberteil, das meist am Schrank angeschraubt ist (Abb. 3.7) und einem Fußelement, das Sie in das vormontierte Oberteil stecken (Abb. 3.8). Das Fußelement besteht aus einem Gewinde mit Standrohr, das in den Standfuß geschraubt ist (Abb. 3.4 und Abb. 3.5). Nachdem Sie die Standfüße in die Schränke gesteckt haben, stellen Sie die einzelnen Fußelemente in ihrer Länge grob ein. Dazu drehen Sie je nach Bedarf das Gewinde etwas aus dem Standfuß heraus oder hinein (Abb. 3.6) und kontrollieren mit dem Maßband die Länge (Abb. 3.9). Um die Standfüße in der richtigen Höhe einzustellen, orientieren Sie sich an der Höhe der Sockelleisten. Diese sind rund 50 mm nach hinten versetzt und schließen die Unterbauschränke zum Fußboden ab, was die Küche ansehnlich macht. Hinter diesen Blenden sollten die Standfüße verborgen sein, wenn die Unterschränke fertig aufgebaut sind. Die Standfüße darf man deshalb auch nicht zu weit vorne am Unterschrank

**Abb. 3.3** – Mit ausrollbarer Pappe können Sie die Arbeitsstelle gegen Schmutz und Beschädigungen sichern.

**Abb. 3.4** – Unterschrank mit variabel einstellbaren Standfüßen.

**Abb. 3.5** – Standfuß mit Gewinde und Standrohr.

**Abb. 3.6** – Je nachdem, wie weit Sie den Standfuß auf das Gewinde schrauben, wird der Unterschrank niedriger oder höher.

Abb. 3.7 – Das Oberteil des Standfußes ist bereits am Küchenschrank angeschraubt.

Abb. 3.8 – Die Füße stecken Sie in die Oberteile und …

Abb. 3.9 – … stellen anschließend mit dem Maßband die erforderliche Länge ein.

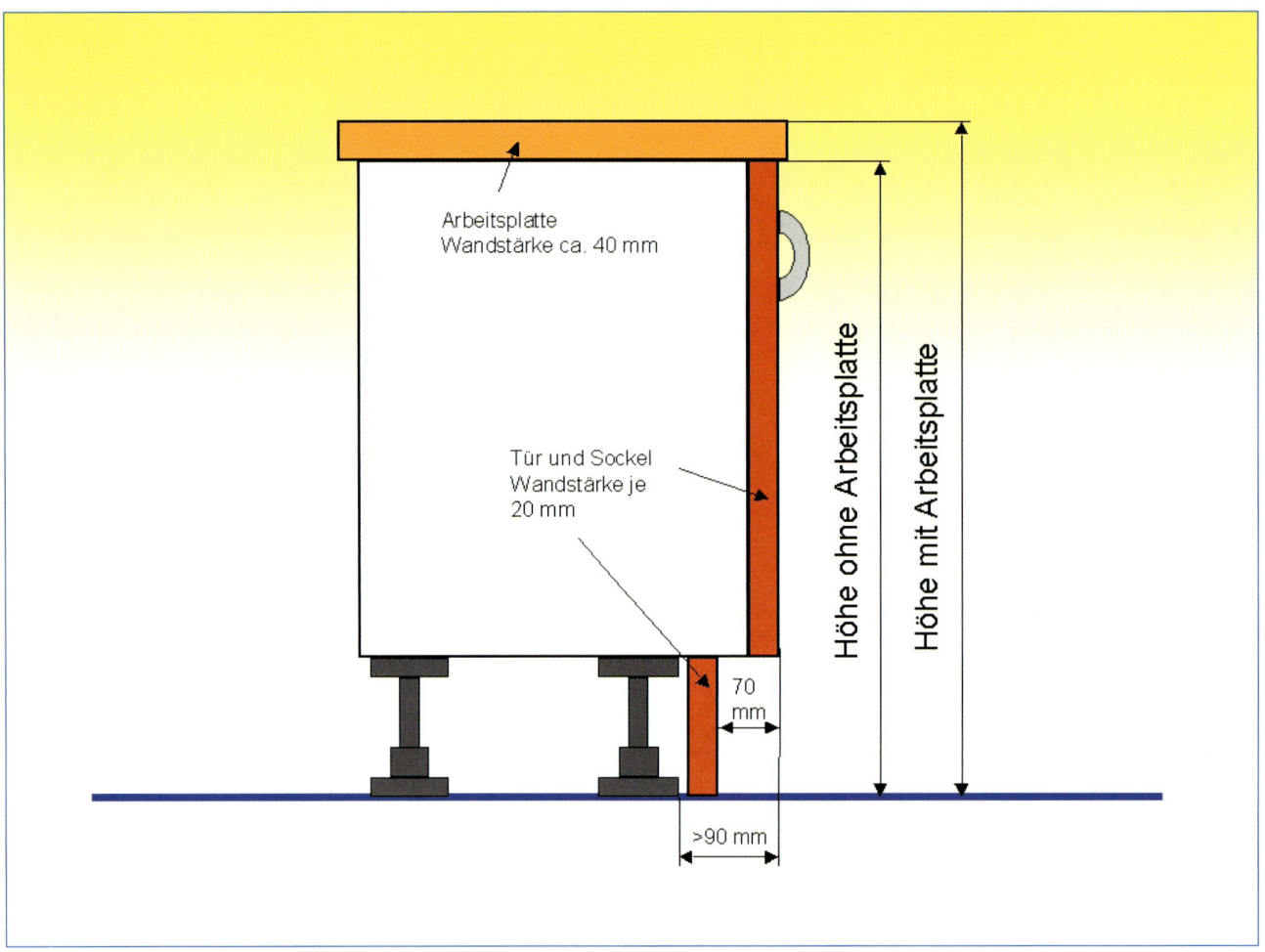

Abb. 3.10 – Das Bild zeigt, wo Sie den rechten Standfuß am Unterbauschrank anschrauben, damit genug Platz für die Sockelleiste bleibt.

anschrauben, weil sonst nicht genügend Platz für die Sockelleiste bleibt (Abb. 3.10).

Beim Setzen der Füße müssen Sie auch auf Sockelschubladen achten, die anstelle der Sockelleisten zu Unterschränken gehören können. Unter Sockelschubladen kann man keine Standfüße schrauben. Trotzdem stehen die Unterschränke fest, weil sie untereinander verschraubt sind.

### Schränke aufstellen und zusammenschrauben

Sind die Standfüße montiert, stellen Sie alle Unterbauschränke laut Montageplan am richtigen Ort auf. Das hört sich zunächst einfach an, ist manchmal aber keine leichte Aufgabe. Die Unterschränke sind mitunter zum Verwechseln ähnlich und meist aus weiß bezogenem Holz gefertigt. Wenn die Vorderseiten und die anderen Seiten verschiedene Farben haben, besteht keine Verwechslungsgefahr. Diese steigt allerdings, wenn alle Seiten in Weiß gehalten sind. Man sollte auch die Zahl der Schienen im Kopf haben, die die Schubladen aufnehmen.

Nachdem Sie die Unterbauschränke einer Reihe nebeneinander aufgestellt haben, schrauben Sie sie zusammen. Dazu richten Sie die beiden äußeren Schränke so aufeinander aus, dass ihre Vorder- und Oberkanten bündig zueinander verlaufen. Mit einer Schraubzwinge spannen Sie beide Schränke an den Seitenwänden zusammen, sodass sie nicht mehr verrücken können (Abb. 3.12). Anschließend schrauben Sie die

Schränke mit Holz-Senkkopfschrauben zusammen (Abb. 3.13), deren Länge etwas geringer ist als die gesamte Brettbreite der beiden Seitenwände. Die Schrauben können Sie am vorderen Rand oben und unten bequem mit dem Akkuschrauber eindrehen.

### 3.3.1 Küchenzeile genau ausrichten

Sind die Unterschränke aufgestellt und zusammengeschraubt, ermitteln Sie durch Ausmessen die genaue Position der Schrankgruppe und bringen die Küchenzeile ins Lot. Sie brauchen dazu eine möglichst lange und eine

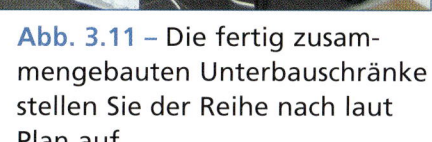

Abb. 3.11 – Die fertig zusammengebauten Unterbauschränke stellen Sie der Reihe nach laut Plan auf.

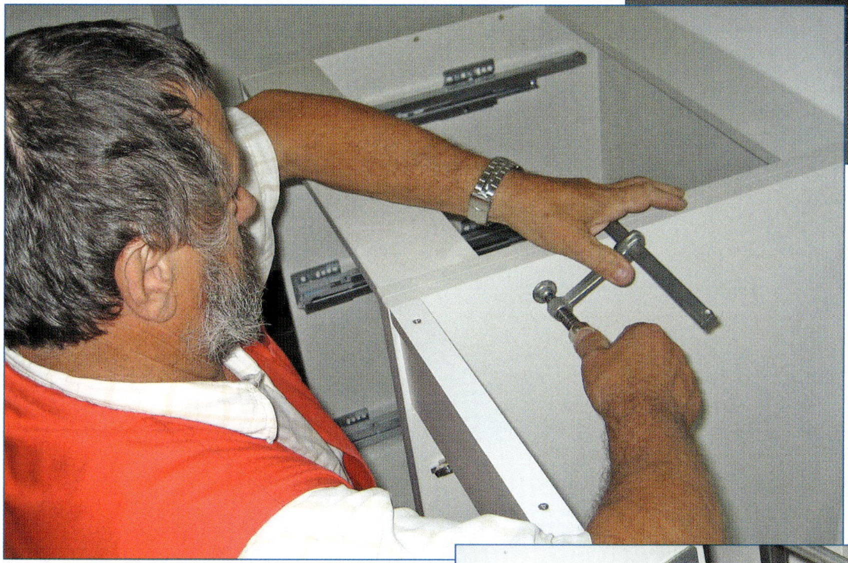

Abb. 3.12 – Beginnend mit den beiden äußeren Schrankelementen spannen Sie immer zwei Unterschränke zusammen, sodass die Kanten bündig zueinander verlaufen.

Abb. 3.13 – Schließlich schrauben Sie die Schränke mit Holz-Senkkopfschrauben an den Seitenwänden zusammen.

normale, kürzere Wasserwaage (Abb. 3.14). Die lange Wasserwaage legen Sie an der vorderen und an der hinteren Kante auf die Unterschränke, um die Küchenzeile in der Breite waagerecht auszurichten. Die normale, kurze Wasserwaage schieben Sie in die einzelnen Schränke, um zu prüfen, ob die Küchenzeile auch in der Tiefe waagerecht steht (Abb. 3.15).

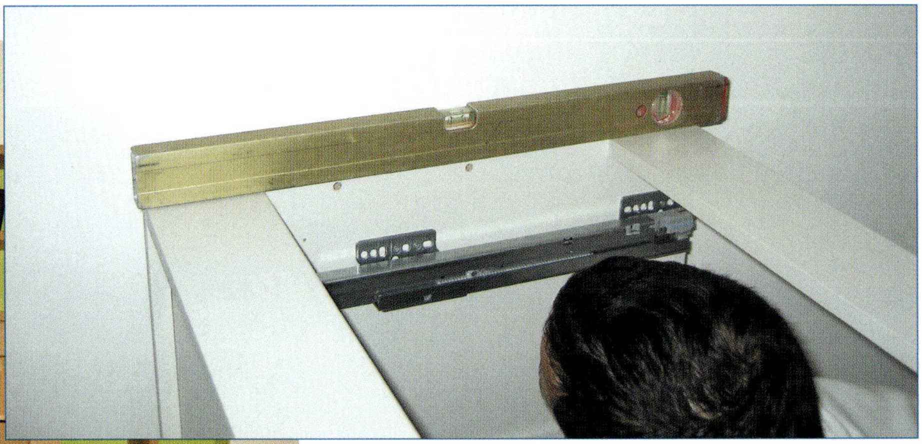

Abb. 3.14 – Mit einer großen und normalkleinen Wasserwaage richten Sie die Küchenzeile waagerecht aus.

Abb. 3.15 – Die normale, kleine Wasserwaage gibt Auskunft: Dieser Unterschrank ist in der Tiefe exakt waagerecht aufgebaut.

## 3.3.2 Unterschränke auf exakte Arbeitshöhe einstellen

Die richtige Montagehöhe aller Unterschränke ermitteln Sie mit dem Maßband, wenn noch keine Arbeitsplatte montiert ist. Die Oberkante der Schränke darf man deshalb nicht mit der Arbeitshöhe verwechseln. Soll die Arbeitsplatte beispielsweise 92 cm hoch sein, sind die Unterschränke bei einer 4 cm dicken Arbeitsplatte auf 88 cm einzustellen. Damit alles 100-prozentig waagerecht wird, ist eine Wasserwaage anzuraten. Unebenheiten auf dem Fußboden gleichen Sie mit den Standfüßen aus, die Sie auch in der Höhe verstellen können, wenn die Schränke bereits aufgestellt sind. Dabei müssen Sie die körperschonende, optimale Höhe der Arbeitsplatte nach Kapitel 1.6 im Hinterkopf haben, um diese genau einzuhalten. Ist die optimale Arbeitshöhe eingestellt, prüfen Sie, ob einzelne Standfüße in der Luft schweben, was nicht sein sollte. Nur eine genau ausgerichtete Küchenzeile garantiert, dass die Arbeitsplatte absolut waagerecht aufliegt. Da in die Arbeitsplatte das Kochfeld eingebaut wird, entscheidet diese Arbeit auch darüber, ob sich das Fett beim Kochen an einer Seite der Pfanne ansammelt oder gleichmäßig verteilt. Man sollte deshalb mit größter Sorgfalt arbeiten, Toleranzen sind passé. Schließlich montieren Sie die Arbeitsplatte auf den Unterbauschränken und überprüfen die exakte Aufbauhöhe. Wie Sie bei der Montage der Arbeitsplatte genau vorgehen, erläutert das folgende Kapitel am Beispiel einer Natursteinplatte.

Die Unterbauschränke sind jetzt fast komplett aufgebaut, nur die Sockelleisten fehlen noch. Diese montieren Sie erst, nachdem Sie die Küchengeräte eingebaut haben, um erforderliche Leitungen problemlos verlegen zu können. Kapitel 3.10 erläutert, wie Sie bei der Montage der Sockelleisten vorgehen.

## 3.4 Arbeitsplatte aus Naturstein exakt montieren

Wenn Sie die Unterschränke bis auf die Sockelleisten fertig aufgebaut und auf die exakte Arbeitshöhe eingestellt haben, legen Sie die Arbeitsplatte auf. Deren Montage ist einer der heikelsten Arbeitsschritte beim Zusammenbauen der Küche, weil die Platte groß und schwer zu transportieren ist. Vor allem die immer beliebter werdenden Natursteinplatten haben Gewicht, was den Einbau aufwendig macht. Eine etwas größere mit einer Länge von 2,5 m und einer Breite von 80 cm, wie man sie für eine Kochinsel benötigt, wiegt an die 200 kg. Gibt man nicht genügend Acht oder lässt die Kraft beim Tragen vorzeitig nach, kann eine Natursteinplatte bei der Montage schnell zu

Abb. 3.16 – Große Natursteinplatten können nur mehrere Personen tragen.

Bruch gehen. Um sie in die Küche tragen zu können, müssen drei oder vier Personen Hand anlegen. Relativ einfach ist das noch bei Einfamilien- und Reihen-Häusern, wo die Küche meist im Erdgeschoss untergebracht ist. Müssen Sie dagegen die Arbeitsplatte in einem mehrgeschossigen Wohnhaus die Stockwerke hochschleppen, ist das eine schweißtreibende Angelegenheit. Wichtig ist, die Platte möglichst stehend zu tragen, was leichter von der Hand geht und die Platte schont (Abb. 3.16). Da Sie den Naturstein nicht zu Hause auf das genaue Maß zuschneiden können, ist eine sehr genaue Planung anzuraten. Selbst die Öffnungen für das Spülbecken und das Kochfeld fertigt der Steinmetz an. Achten Sie darauf, dass die Arbeitsplatte nicht nur oben, sondern auch an den Seiten poliert ist. Wenn alles OK ist, legen Sie die Natursteinplatte einfach auf die Unterschränke, ohne sie anzuschrauben (Abb. 3.17). Wegen ihres hohen Gewichts kann sie nicht verrutschen. Wenn Sie möchten, können Sie kleinere Platten an den vorderen Rändern mit etwas Silikon ankleben, was aber nicht erforderlich ist. Auch kleine Natursteinplatten liegen we-

Abb. 3.17 – Monteure legen die Arbeitsplatte aus Naturstein auf die Unterbauschränke.

gen ihres Gewichts sicher auf den Unterbauschränken.

### Einzelteile passgenau zusammenfügen

Auf Grund ihres Gewichts liefern die Hersteller Naturstein-Arbeitsplatten nur bis zu einer Länge von rund 2,5 m. Deshalb klebt man einzelne Teile einer längeren Arbeitsplatte vor Ort zusammen, um die erforderliche Länge zu realisieren. Damit sich die Einzelteile optimal zusammenfügen lassen, schleifen Steinmetze mitunter Führungsnuten in die Stoßstelle, in die man sogenannte Schiffchen steckt (Abb. 3.20). Dadurch können Sie die Platten exakt zusammenstecken, sollten Sie zumindest. Was sich in der Theorie prima anhört, muss in der Praxis nicht immer einwandfrei klappen. Professionelle Küchenmonteure berichten immer wieder von Fugen, die die Steinmetze nicht passgenau zugeschnitten haben. Ist die Fuge auf einer Platte etwas höher, auf der anderen etwas niedriger, kann an der Stoßstelle leicht eine kleine Stufe von 1 mm entstehen – und das darf nicht sein. Deshalb klebt man die Platten bei Bedarf auch ohne Schiffchen zusammen. Als „Kleber" dient ein Naturstein-Dichtstoff, den Sie auf die Stoßstelle

Abb. 3.18 – Für das Kochfeld ausgeschnittene Natursteinplatte. Darunter ist ein Unterschrank eingebaut.

Abb. 3.19 – Zwei Einzelteile einer größeren Arbeitsplatte aus Naturstein.

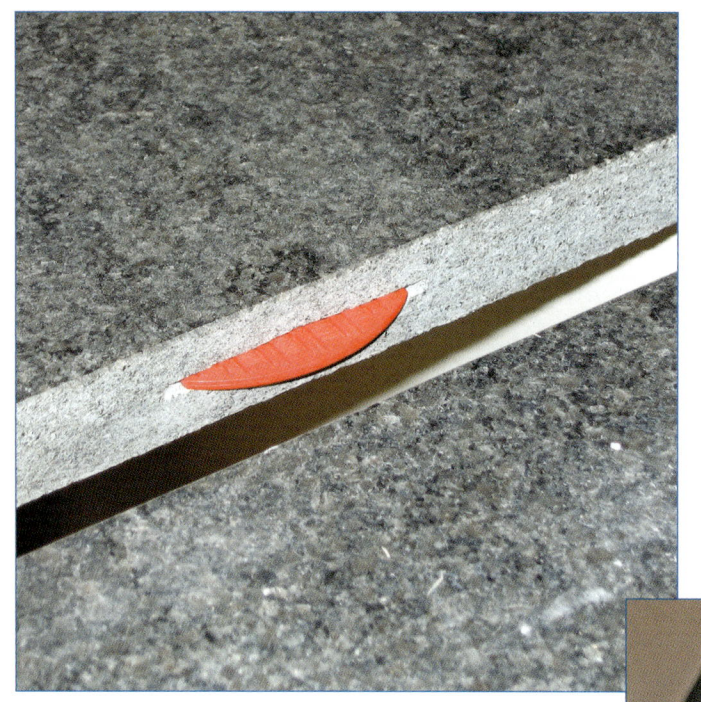

über die gesamte Breite mittig auf einer der beiden Platten auftragen (Abb. 3.22). Danach drücken Sie die Natursteine auf Stoß zusammen und achten darauf, dass sie passgenau aneinanderstoßen. Jetzt tragen Sie noch einmal etwas Dichtmasse auf die Stoßstelle auf, um einen bündigen Abschluss an der Oberfläche zu haben (Abb. 3.23). Dadurch können sich weder Schmutz noch Flüssigkeiten in der Fuge ansammeln. Überschüssigen Dichtstoff entfernen Sie mit einem kleinen Keil. Dazu bestäuben Sie den Klebebereich vorher mit etwas Wasser. Zuletzt spannen Sie die verklebten Platten an beiden Enden der Klebestelle mit je einer Spannzwinge für

Abb. 3.20 – Mit Schiffchen, die Sie in die Fugen stecken, verbinden Sie die Einzelteile der Natursteinplatte miteinander.

Abb. 3.21 – Dichtmasse für Natursteine

Abb. 3.22 – Um beide Natursteinplatten zusammenzukleben, tragen Sie über die gesamte Breite an einer der beiden Platten die Naturstein-Dichtmasse auf.

**Abb. 3.23 –** Nachdem beide Platten zusammengeklebt sind, dichtet man die Nut an der Oberkante der Stoßstelle zusätzlich mit Dichtmasse ab.

rund eine Stunde zusammen, damit die Platten beim Trocknen nicht mehr verrücken.

## 3.5 Wandschränke für Einbaugeräte aufbauen

Nachdem Sie Unterschränke und Arbeitsplatte aufgebaut haben, sind die Wandschränke an der Reihe. Sie können bereits fertig vormontiert sein, sodass Sie den Backofen oder den Kühlschrank einfach hineinschieben können. Wenn zwei gleich hohe Schränke nebeneinander stehen, liefern die Hersteller auch Einzelteile. Die Seitenwand des ersten Schranks ist in diesem Fall zugleich die Wand des zweiten.

Wie Sie ein solches Schrankelement aufbauen, erläutert das folgende Beispiel aus der Praxis: In der Beispielküche nach Abb. 3.24 baut der Handwerker einen Wandschrank für einen Geschirrspüler zwischen einem fertig vormontierten hohen Wandschrank und der Unterbau-Küchenzeile ein (unten rechts im Bild). Man montiert an der Küchenzeile zuerst die hohe Seitenwand (Abb. 3.24). Sie steht auf einem niedrigeren Schrankelement von rund 40 cm Höhe, auf dem später der Geschirrspüler seinen Platz findet. Den Wandschrank bauen Sie ähnlich wie die Unterbauschränke mit Wasserwaage und Schraubzwinge auf. Mit der Wasserwaage richten Sie die Seitenwand so aus, dass sie exakt senkrecht steht und sich auf keinen Fall zur Seite neigt (Abb. 3.24). Ist die Idealposition ge-

Abb. 3.24 – Mit der Wasserwaage richten Sie die einzubauende Seitenwand exakt senkrecht aus.

funden, spannen Sie die Seitenwand mit der Schraubzwinge mit den bereits ausgerichteten Unterbauelementen zusammen und schrauben sie mit Holzschrauben an die Unterbauschränke.

Wenn die Seitenwand steht, ist das obere Regalfach an der Reihe (Abb. 3.25). Dieses ist erforderlich, um die Konstruktion stabil zu halten und die Küche schöner und wohnlicher wirken zu lassen. Das Regalfach schrauben Sie an beiden Seitenwänden passgenau an. Damit das klappt, sollten zwei Personen ans Werk gehen (Abb. 3.25). Sie müssen das einzubauende Fach exakt waagerecht und in der richtigen Höhe montieren, die durch die Höhe der Seitenwände vorgegeben ist. Damit Sie das Regalfach absolut waagerecht einbauen können, hilft eine Wasserwaage, die etwas länger ist, als das Regalfach breit ist. Die Wasserwaage befestigen Sie an der Oberseite des einzubauenden Fachs mit einer Schraubzwinge (Abb. 3.25). Dadurch liegt das Fach auf beiden Seitenwänden genau waagerecht auf, wenn Sie es zwischen die beiden Seitenwände heben. Mit einem kritischen Blick können Sie jederzeit überprüfen, ob das Fach

Abb. 3.25 – Zwei Monteure bringen das oben einzubauende Fach in Position.

**Abb. 3.26** – Bevor Sie das Regalfach anschrauben, befestigen Sie es unverrückbar mit Schraubzwingen.

### Schrauben durch geschickten Aufbau unsichtbar machen

Wenn Sie Küchenschränke aufbauen, können Sie durch geschicktes Vorgehen die erforderlichen Holzschrauben den Blicken entziehen. Zunächst dürfen die Schrauben nicht zu lang sein. Schrauben, die auf der anderen Seite aus dem Holz herausstehen, sehen hässlich aus und sind eine mögliche Unfallquelle. Beim Aufbau der Schränke sollten Sie außerdem immer von „innen nach außen" arbeiten, und das heißt: Sie drehen die Schrauben von innen in die Außenwand, damit man sie von außen nicht sehen kann.

**Abb. 3.27** – Schrankverkleidungen schrauben Sie von „innen nach außen" an, um die Schrauben den Blicken zu entziehen.

tatsächlich waagerecht aufliegt. Das Regal darf bei der Montage außerdem nicht zu weit nach vorne rücken. Am einfachsten gelingt der Aufbau, wenn eine Person das Regalfach anhebt und die zweite Person das genau ausgerichtete Fach mit zwei Schraubzwingen an den Außenwänden einspannt (Abb. 3.26). Schließlich schrauben Sie das Regalfach mit Holzschrauben an den Seitenwänden an.

## 3.6 Hängeschränke fachgerecht montieren

Bei der Montage der Hängeschränke ist vor allem die Aufbauhöhe wichtig. Um genügend Freiraum zum Kochen zu haben und schnell an die verstauten Utensilien zu gelangen, befestigen Sie die Hängeschränke in einer Höhe von 50 cm und mehr über der Arbeitsplatte. Der Aufbau beginnt mit den Montageschienen, an denen man die Schränke aufhängt.

### 3.6.1 Befestigungshöhe der Montageschienen exakt ermitteln

Um die Schienen an der Wand zu montieren, müssen Sie wissen, in welcher Höhe. Dazu hilft ein Blick auf die Haken an der Rückseite der Wandschränke, mit denen Sie die Schränke an den Schienen aufhängen (Abb. 3.28). Die Montagehöhe der Schienen hängt von der Montagehöhe dieser Haken an der Schrankrückseite ab. Wie Sie den Wert ermitteln und beim Messen genau vorgehen, veranschaulicht folgendes Beispiel: Ein großer Schrank, in dem diverse Elektrogeräte untergebracht werden, hat eine Höhe von 1,90 m. Bei einer Arbeitsplattenhöhe von 1 m ragt der Schrank 90 cm über die Arbeitsplatte hinaus. In dieser Höhe enden auch die aufzuhängenden Wandschränke. Wenn der Haken 2 cm unter der Oberkante des Wandschranks angeschraubt ist, sind das 88 cm über der Arbeitsfläche. Sie müssen außerdem die Montageschiene selbst berücksichtigen. Die Bohrungen, mit denen man sie anschraubt, liegen rund 1 cm unter der Schienenoberkante. Das genaue Maß ermitteln Sie direkt an der Schiene. Damit ergibt sich eine Höhe von 87 cm, in der Sie die Montageschiene an der Wand befestigen. Diese Aufbauhöhe ist variabel. Sie verändert sich beispielsweise, wenn man einzelne Schränke in unterschiedlicher Höhe montieren möchte.

### 3.6.2 Schienen montieren

Wenn Sie die Montagehöhe der Schienen ermittelt haben, können Sie sie befestigen. Dazu zeichnen Sie die gemessene Höhe und die genaue Position der Schienen an der Wand mit einem Bleistift ein (Abb. 3.29). Für jeden aufzuhängenden Wandschrank benötigen Sie eine

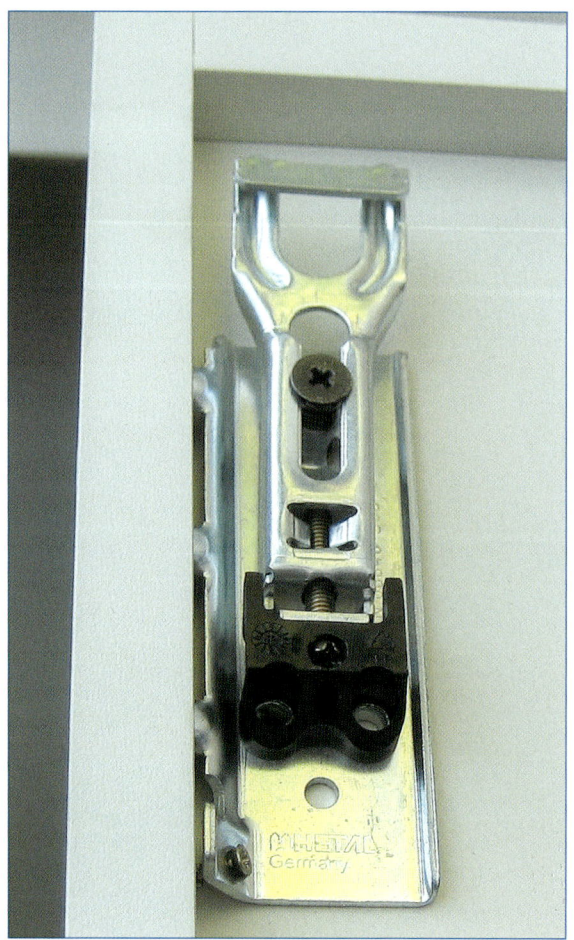

Abb. 3.28 – Vormontierter Haken an der Rückseite eines Wandschranks.

verhältnismäßig kurze Schiene. Mit der Wasserwaage überprüfen Sie, ob die eingezeichneten Linien exakt waagerecht verlaufen (Abb. 3.30), mit dem Maßband überprüfen Sie außerdem die exakte Position. Jetzt markieren Sie entlang der Bleistiftlinie die zu bohrenden Löcher, die einen Durchmesser von 8 mm haben sollten. Nachdem Sie die Löcher mit einer Schlagbohrmaschine gebohrt haben (Abb. 3.31), stecken Sie 8-mm-Dübel hinein. Daran befestigen Sie die Schienen mit 6-mm-Senkkopfschrauben (Abb. 3.32). Damit beim Bohren nicht zu viel Schmutz auf die Arbeitsplatte rieselt, können Sie eine Kehrichtschaufel unter die Bohrstelle halten, die den meisten Schmutz auffängt. Mit dem Schlauch eines Staubsaugers kann man sogar fast den gesamten Staub absaugen. Anschließend befestigen Sie mit dem Akkuschrauber die Montageschienen mit 6-mm-Schrauben (Abb. 3.33).

**Abb. 3.29 –** Um einen Wandschrank zu montieren, zeichnen Sie zuerst die genaue Höhe der Montageschienen an der Wand ein.

**Abb. 3.30 –** Mit einer Wasserwaage überprüfen Sie, ob die eingezeichnete Bleistiftlinie exakt waagerecht verläuft.

**Abb. 3.31 –** Mit der Schlagbohrmaschine bohren Sie 8-mm-Löcher für 8-mm-Dübel. Eine Kehrichtschaufel fängt den meisten Schmutz auf.

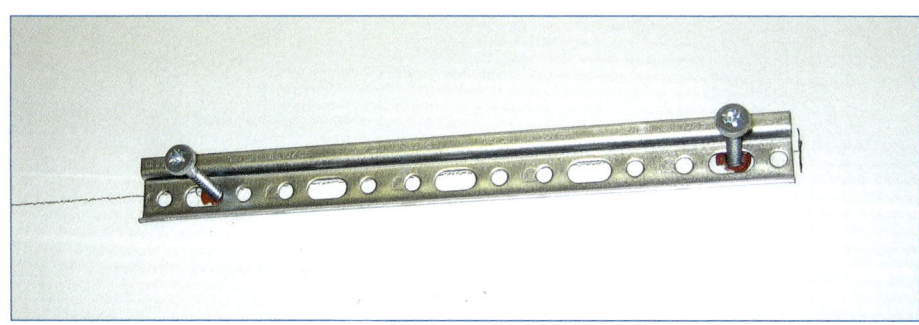

**Abb. 3.32 –** Sie setzen die Schiene auf den Bleistiftstrich und drehen die Schrauben mit der Hand etwas in die Dübel.

**Abb. 3.33 –** Mit dem Akkuschrauber drehen Sie die Schrauben ein, um die Schienen zu befestigen.

Abb. 3.34 – Fertig montierte Schienen für Hängeschränke.

### 3.6.3 Wandschränke aufhängen und fixieren

Bevor Sie die Wandschränke an die Montageschienen hängen können, müssen Sie die Schränke eventuell dafür vorbereiten. Im Beispielfall nach Abb. 3.35 und Abb. 3.36 sägt der Monteur an der Rückseite mit einer Stichsäge kleine Kerben in das obere und untere Ende. Durch sie verlegen Sie später die Kabel für die Arbeitsplattenleuchte zur Steckdose. Wo Sie die obere Kerbe am Wandschrank einsägen, ist nebensächlich. Die Lage der unteren Kerbe müssen Sie dagegen genau planen, weil Sie dort die Lampe montieren müssen, wenn die Kabel unsichtbar bleiben sollen. Erstreckt sich die Arbeitsplattenbeleuchtung über mehrere Wandschränke, müssen Sie die Montage-Orte für die Lampen anhand dieser Länge festlegen und nicht für jeden Schrank einzeln. Nachdem Sie die Durchlässe gesägt haben, verlegen Sie die Kabel hinter den Wandschränken und fixieren sie mit Klebeband an den Rückseiten (Abb. 3.37). Zu zweit können Sie jetzt die Schränke an die Montageschienen hängen. Da Schienen und Haken aufeinander abgestimmt sind, erfordert das nicht allzu viel Mühe.

Hängen die Wandschränke an der Wand, richten Sie sie genau aus. Das gelingt durch eine der zwei übereinander liegenden Bohrungen auf der Rückseite der Schränke (Abb. 3.39). An der einen Bohrung ist der Schrankhaken befestigt, den Sie durch die andere Bohrung mit einem Schraubendreher feinjustieren können. Sie können den Wandschrank dadurch heben oder senken und so eine etwas schief montierte Befestigungsschiene ausgleichen. Mit der Wasserwaage richten Sie jeden Schrank waagerecht aus.

Danach ziehen Sie die Justierschrauben fest, um die Schränke an den Wandschienen zu befestigen (Abb. 3.40). Schließlich schrauben Sie die Hängeschränke analog zu den Unterbauschränken auch untereinander zusammen, um die Stabilität zu erhöhen (vgl. Kapitel 3.3). Außerdem verschwinden so allzu große Spalten. Sie richten dazu die Schränke so aus, dass sie vorne bündig abschließen und exakt gleich hoch montiert sind. Mit einer Schraubzwinge halten Sie Schränke in Position (Abb. 3.41) und schrauben sie mit Holz-Senkkopfschrauben zusammen (Abb. 3.42). Zuletzt kontrollieren Sie mit der großen Wasserwaage, ob die Oberkanten der Wandschränke tatsächlich in waagerechter Höhe verlaufen (Abb. 3.43).

**Abb. 3.35 –** Schritt 1: Sie sägen eine kleine Kerbe in die Rückseite des Wandschranks, um diesen für die Montage vorzubereiten.

**Abb. 3.36 –** Die Kerbe sollte groß genug sein, um ein Kabel für die Arbeitsplattenleuchte aufzunehmen.

**Abb. 3.37** – Schritt 2: An der Rückseite der Hängeschränke verlegte Kabel fixieren Sie mit Klebeband.

**Abb. 3.38** – Schritt 3: Zwei Personen hängen die Wandschränke auf die Montageschienen.

**Abb. 3.39** – Schritt 4: Durch eine der zwei kleinen, übereinander liegenden Bohrungen können Sie den Hängeschrank bei Bedarf feinjustieren.

**Abb. 3.40** – Schritt 5: Mit einer Wasserwaage richten Sie den Hängeschrank genau aus und schrauben ihn an die Wand.

**Abb. 3.41** – Schritt 6: Mit einer Schraubzwinge halten Sie die ausgerichteten Hängeschränke in Position …

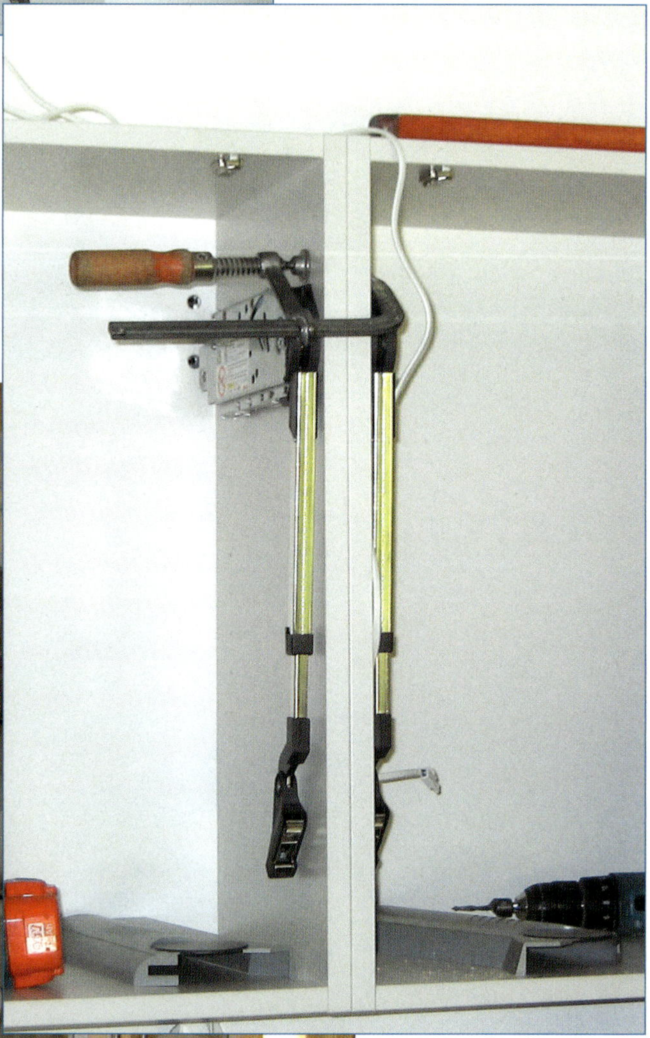

**Abb. 3.42** – Schritt 7: … und schrauben sie zusammen.

**Abb. 3.43** – Schritt 8: Im letzten Arbeitsschritt kontrollieren Sie mit der großen Wasserwaage, ob die Wandschränke waagerecht aufgebaut sind.

## 3.7 Licht für die Arbeitsplatte

Ob Sie die Lampen für die Arbeitsplatte montieren können, wenn die Hängeschränke aufgebaut sind, hängt davon ab, ob Sie noch die Wand hinter der Arbeitsplatte gestalten möchten. Meist wird sie gefliest, man kann sie aber auch mit einem Naturstein verkleiden. Infrage kommt auch der Naturstein, aus dem die Arbeitsplatte gefertigt ist. Auch eine Edelstahl- oder Glas-Verkleidung kann interessant sein, beides ist allerdings sehr pflegeintensiv. Ist die Wand hinter der Arbeitsplatte abschließend bearbeitet, können Sie die Lampen montieren. Eine allgemeingültige Regel zur Montage der Beleuchtung kann dieses Buch nicht geben, weil der Handel zahlreiche unterschiedliche Systeme bereithält. Beim Lampenmodell nach Abb. 3.44 schraubt man zuerst den Rahmen an die Unterseite des Wandschranks (Abb. 3.45) und steckt anschließend die Lampe hinein. Zu lange Kabel schieben Sie durch die gesägte Kerbe an der Rückseite des Wandschranks hinter den Hängeschrank (vgl. Kapitel 3.6.3).

**Abb. 3.44** – Ausgepackte Arbeitsplattenlampe

**Abb. 3.45** – Sie schrauben den Lampenrahmen am hinteren Ende an die Unterseite des Hängeschranks …

Abb. 3.46 – … und stecken die Leuchte hinein.

Abb. 3.47 – Fertig montierte Arbeitsplattenleuchte an der Unterseite des Wandschranks.

## 3.8 Dunstabzug über der Kochinsel

Den Dunstabzug montieren Sie direkt über dem Kochfeld, bevor Sie das Ceran- oder Induktionsfeld einsetzen. Dadurch können Sie bedenkenlos auf die Arbeitsplatte steigen, um die erforderlichen Arbeiten auszuführen. Die Glasscheiben des Kochfelds können nicht beschädigt werden. An der Montagestelle muss außerdem ein Stromanschluss eingebaut sein. Da dieser zur Elektroinstallation gehört, sollte man bereits in der Bauphase des Hauses wissen, wo man den Dunstabzug eingebaut haben möchte. Die Hersteller liefern ihn manchmal fertig montiert, sodass man ihn für die Montage in Innenteil und Gehäuse zerlegen muss. Wie Sie einen Dunstabzug aufbauen, veranschaulicht die Beispielküche, bei der der Kochbereich als Arbeitsinsel ausgelagert ist. In diesem Fall befestigt man den Dunstabzug an der Decke. Dazu messen Sie zuerst seine genaue Lage und zeichnen die benötigten Bohrungen an der Decke ein. Welche Bohrer und Dübel Sie benötigen, hängt vom Dunstabzug ab. Mitunter gehört das Montagematerial zum Lieferumfang. Im Zweifel schlagen Sie in der Montageanleitung des Geräts nach. Normalerweise brauchen Sie einen 8-mm-Bohrer, 8er-Dübel und 6-mm-Schrauben. Sind die Löcher mit der Schlagbohrmaschine gebohrt, schrauben Sie zu zweit das Innenteil an. Während es eine Person hält, schraubt es die zweite soweit an der Decke an, dass es nicht mehr herunterfallen kann. Eventuell können Sie wegen der Konstruktion des Abzugs keinen Akkuschrauber verwenden. Abhilfe schafft ein kurzer Kreuzschraubendreher, auch wenn dann die Montage etwas länger dauert. Komfortabler ist ein Elektroschrauber mit abgewinkeltem Kopf, den man aber meist nicht griffbereit haben wird (Abb. 3.50). Vor der Montage des Gehäuses prüfen Sie die Gehäuseinnenseite. Am Beispielmodell nach Abb. 3.51 klebt ein etwas dickeres Klebeband, das man abzieht. Zuletzt schiebt man das Gehäuse auf die

**Abb. 3.48** – Dunstabzug ohne Gehäuse. Dieses Innenteil ist in einer quadratischen Rahmenkonstruktion eingebaut.

**Abb. 3.49 und Abb. 3.50 –** Nachdem Sie die erforderlichen Löcher in die Decke gebohrt haben, schrauben Sie das Innenteil an.

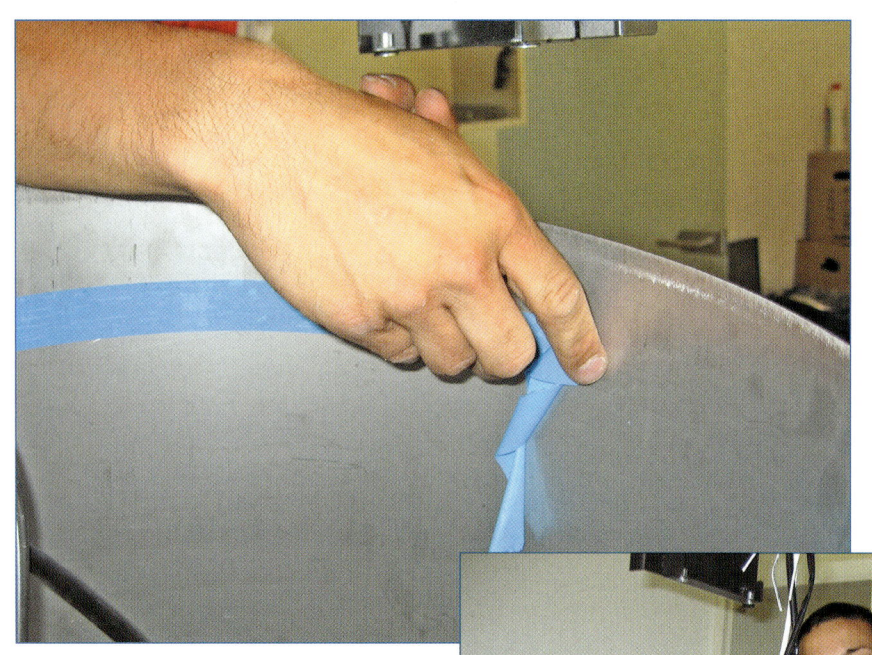

**Abb. 3.51** – Klebeband an der Gehäuseinnenseite muss man entfernen.

**Abb. 3.52** – Montage des Gehäuses.

**Abb. 3.53** – Zuletzt schrauben Sie das Gehäuse an das Innenteil.

### Details zum Dunstabzug

Die Dunstabzugshaube oder der Wrasenabzug saugt beim Kochen die entstehenden Wrasen ab und filtert die Abluft. Unter Wrasen verstehen Fachleute den Dunst, der sich beim Kochen und Backen entwickelt und sich aus Luft, Wasser- sowie Fett-Partikeln zusammensetzt. Die Dunstabzugshaube bindet die Gerüche und sorgt so für eine angenehme Raumatmosphäre. Wasserdampf und Fett können sich nicht an Möbelstücken und Geräten ablagern. Designergeräte bestimmen den Markt. Vorbei sind die Zeiten, in denen der Dunstabzug möglichst unauffällig in der Küche eingebaut wurde. Man erhält deshalb Dunstabzüge in zahllosen Bautypen, die sich meist im Design und der Art des Einbaus unterscheiden: Inselhauben, Kaminhauben, Flachschirmhauben, Einbauhauben, Unterbauhauben und weitere.

Abb. 3.54 – Frei hängender Dunstabzug der besonderen Art.

Abb. 3.55 – Dunstabzugshaube im Edelstahldesign.

Innenkonstruktion und verschraubt beides miteinander (Abb. 3.53).

## 3.9 Küchengeräte einbauen und anschließen

Küchengeräte sind groß und schwer, sodass man sie zu zweit einbauen sollte. Sie schieben sie einfach in die nach Kapitel 3.5 aufgebauten Wandschränke für Einbaugeräte. Eine kleine Herausforderung sind allerdings die elektrischen Anschlüsse. Für den E-Herd muss der Elektriker eine fünfpolige Leitung vom Verteilerkasten zur Einbaustelle verlegen. Das macht er im Rahmen der Elektroinstallation im Rohbau des Hauses. Für den Kühlschrank, die Mikrowelle und den Geschirrspüler genügt dagegen je eine übliche 230-V-Steckdose. Auch sie sind meist in der benötigten Höhe in die Wand eingebaut. Jedoch fehlen die Öffnungen in den Rückwänden der Wandschränke, um die Kabel zu den Küchengeräten verlegen zu können. Die Löcher bohren Sie mit einem Dosenbohrer von rund 7 cm bis 10 cm Durchmesser. Damit Sie die Kabeldurchlässe in der bereits fertig montierten Küche an der richtigen Stelle bohren, messen Sie die Lage der Steckdosen vor dem Aufbau der Küche genau aus. Neben der Höhe vom Fußboden oder dem Abstand von der Decke messen Sie auch den Abstand von einer Wandecke. Die ermittelten Maße übertragen Sie später auf die Küchenschränke und bestimmen so die Lage der Steckdosen hinter den Rückwänden der Wandschränke. Sie setzen an der Stelle des Wandschranks den Bohrer an, hinter der die Steckdose in der Wand sitzt. Haben Sie ausreichend genau gemessen, „treffen" Sie die benötigten Dosen (Abb. 3.56).

Kabeldurchlässe müssen Sie nicht nur in die Rückwände der Schränke bohren. Manchmal sind sie auch von einem Regalfach zum anderen erforderlich, beispielsweise, wenn die Steckdose für die Mikrowelle hinter dem Kühlschrank endet. Um das Kabel weiter zur Mikrowelle verlegen zu können, bohren Sie mit einem Dosenbohrer mit 7 cm bis 10 cm Durchmesser Öffnungen am hinteren Rand der Schrank-Seitenwände.

### 3.9.1 Geschirrspüler

Der Einbau des Geschirrspülers ist etwas aufwendiger als bei anderen Küchengeräten, weil er neben dem Stromanschluss auch zwei

Abb. 3.56 – Ausreichend genau gemessen: Das Loch in der Rückwand des Küchenschranks ist richtig gebohrt, die Steckdose in der Wand ist erreichbar.

Abb. 3.57 – Allein nicht zu schaffen: Zwei Personen heben den schweren Geschirrspüler in den Wandschrank.

Abb. 3.58 – Mit der eingebauten Höhenverstellung justieren Sie den Geschirrspüler auf optimale Aufbauhöhe.

Wasseranschlüsse benötigt. Spülmaschinen muss man allerdings nicht in der Nähe des Wasseranschlusses einbauen. Mit Verlängerungsschläuchen der Gerätehersteller lassen sich mühelos 4 m überbrücken. Den Schlauch können Sie hinter der Sockelleiste der Unterbauschränke im Bereich der hinteren Standfüße unsichtbar und lose verlegen – selbstverständlich bevor Sie die Sockelleisten nach Kapitel 3.10 anschrauben. Sie müssen den Geschirrspüler auch nicht unter der Arbeitsplatte einbauen. Anlog zum Kühlschrank können Sie eine höhere, bückfreie Aufbauhöhe wählen, die außerdem das Handling mit dem Geschirr erleichtert. Nachdem Sie den Geschirrspüler in den Schrank geschoben haben, richten Sie ihn genau aus. Mit der Höhenverstellung am Gerät justieren Sie die Spülmaschine so, dass sie bündig mit der Oberkante des Küchenschranks abschließt. Genaue Details sind der Montageanleitung zu entnehmen.

### 3.9.2 Backofen

Beim Backofen gehen Sie ähnlich vor wie beim Geschirrspüler. Da Backöfen eine einheitlich genormte Einbauhöhe haben, braucht man sie nicht mehr auszurichten. Die Installation ist abgeschlossen, wenn Sie das Gerät seitlich an die Schrankwände angeschraubt haben.

### 3.9.3 Kochfeld

An einfachsten gelingt der Einbau des Kochfelds, der bequem ohne fremde Hilfe von der Hand geht. Sie legen das Kochfeld einfach nach dem Auspacken in das ausgeschnittene Loch der Arbeitsplatte – fertig. Bohr- und Schraubarbeiten entfallen.

### 3.9.4 Kühlschrank

Falls erforderlich, bauen Sie zuerst die Tür des Kühlschranks auf die andere Seite, damit sie sich in Ihrer Küche problemlos öffnen lässt. Dazu schrauben Sie am Gerät die beiden Scharniere ab, die die Tür halten. Anschließend stecken Sie sie an die gegenüberliegende Seite in vorgefertigte Öffnungen und befestigen sie wieder. Sitzt die Tür auf der korrekten Seite, schieben Sie den Kühlschrank zu zweit in den Wandschrank oder unter die Arbeitsplatte, je nachdem, wo Sie ihn einbauen möchten.

**Abb. 3.59 –** Den Backofen schrauben Sie seitlich an die Schrankwände.

**Abb. 3.60 –** Die Montage des Kochfeldes geht schnell von der Hand.

Abb. 3.61 – Die Scharniere müssen Sie umsetzen, wenn die Kühlschranktür anders als geliefert schließen soll.

## 3.10 Sockelleisten an Unterschränken befestigen

Nachdem Sie die Küchengeräte in die Schränke eingebaut haben, schließen Sie den Aufbau der Unterschränke mit der Montage der Sockelleisten ab. Da sie die Unterschränke zum Fußboden abschließen, schneidet man sie vor Ort zu. Vor allem in der Höhe kann man so einen unebenen Fußboden ausgleichen. Zuerst messen Sie die Sockelleisten aus, damit Sie wissen, wie viel sie abhobeln müssen, um die Leisten passgenau einbauen zu können (Abb. 3.62). Sie sollten behutsam hobeln, damit sie nicht zu kurz werden. Anzuraten ist ein Elektrohobel, der schnelles Arbeiten ermöglicht. Da beim Hobeln viel Schmutz anfällt, sollte man am besten im Freien ans Werk gehen. Sie sägen außerdem Öffnungen in die Sockelleisten, wenn Sie das Belüftungsgitter des Kühlschranks oder Düsen von fest installierten Staubsaubersystemen einbauen möchten (Abb. 3.64). Nachdem Sie die Sockelleisten vorbereitet haben, schrauben Sie sie an ihrer Rückseite zusammen (Abb. 3.65) und montieren auf den Leisten Schnappschellen (Abb. 3.66). Diese stecken Sie später an die Standfüße der Unterbauschränke, um den Sockelleisten den nötigen Halt zu geben. Die Schnappschellen montieren Sie auf den Sockel-

Abb. 3.62 – Schritt 1: Sie ermitteln mit einem Maßband, ob und um wie viel die Sockelleisten zu hoch sind. Dazu halten Sie sie an die Stellen der Unterschränke, an denen sie eingebaut werden sollen.

**Abb. 3.63** – Schritt 2: Sie hobeln die Leisten auf das erforderliche Einbaumaß ab.

**Abb. 3.64** – Schritt 3: Öffnungen für beispielsweise das Luftgitter des Kühlschranks sägen Sie an der geplanten Stelle aus.

**Abb. 3.65** – Schritt 4: Die Sockelleisten schrauben Sie an ihrer Rückseite zusammen.

leisten dort, wo die Standfüße der Unterbauschränke eingebaut sind. Damit die Leisten zum Fußboden gut abschließen, setzen Sie auf die unteren Enden eine Gummilasche, die Sie vorher mit einer kleinen Handsäge auf Maß zuschneiden (Abb. 3.67). Bevor Sie die Sockelleisten vor die Unterschränke setzen, ziehen Sie noch eine eventuell aufgeklebte Schutzfolie ab.

Abb. 3.66 – Schritt 5: Sie schrauben Schnappschellen auf die Sockelleisten.

Abb. 3.67 – Schritt 6: Sie schneiden eine Gummilasche auf Maß zu, die Sie auf die Unterseite der Sockelleisten aufsetzen.

Abb. 3.68 – Schritt 7: Falls erforderlich, ziehen Sie eine Schutzfolie ab und setzen die fertigen Sockelleisten vor die Standfüße der Unterschränke.

## 3.11 Frontblenden an Küchengeräten montieren

Einbau-Elektrogeräte liefern die Hersteller ohne ansehnliche Vorderseite. Man muss deshalb Blenden montieren, die aus Holz- oder Furnier-Platten bestehen, sodass die Geräte sogar unsichtbar werden können. Das folgende Beispiel erläutert, wie Sie bei einem Geschirrspüler vorgehen. Dem Gerät liegt in vielen Fällen ein maßstabgetreuer Montageplan bei, den Sie exakt auf die Rückseite der Blende legen (Abb. 3.69). Auf diesem Plan sind alle zu setzenden Haken eingezeichnet, mit denen Sie das Brett am Gerät einhängen (Abb. 3.70). Diese Stellen markieren Sie mit einem spitzen Körner (Abb. 3.71).

Anschließend nehmen Sie den Plan von der Blende und schrauben die Haken an. Beim Demogerät nach Abb. 3.72 muss man zwei Haken setzen, um die Blende einhängen zu können (Abb. 3.73). An seiner Tür hat der Geschirrspüler an beiden Seiten außerdem ein Loch, über das man die Frontplatte zusätzlich anschraubt. Auch dabei ist sehr genaues Arbeiten anzuraten. Gehen Sie zu hastig ans Werk, besteht die Gefahr, dass Sie die Blende schief montieren.

**Abb. 3.69 –** Schritt 1: Den maßstabgetreuen Montageplan legt man auf die Rückseite der Blende.

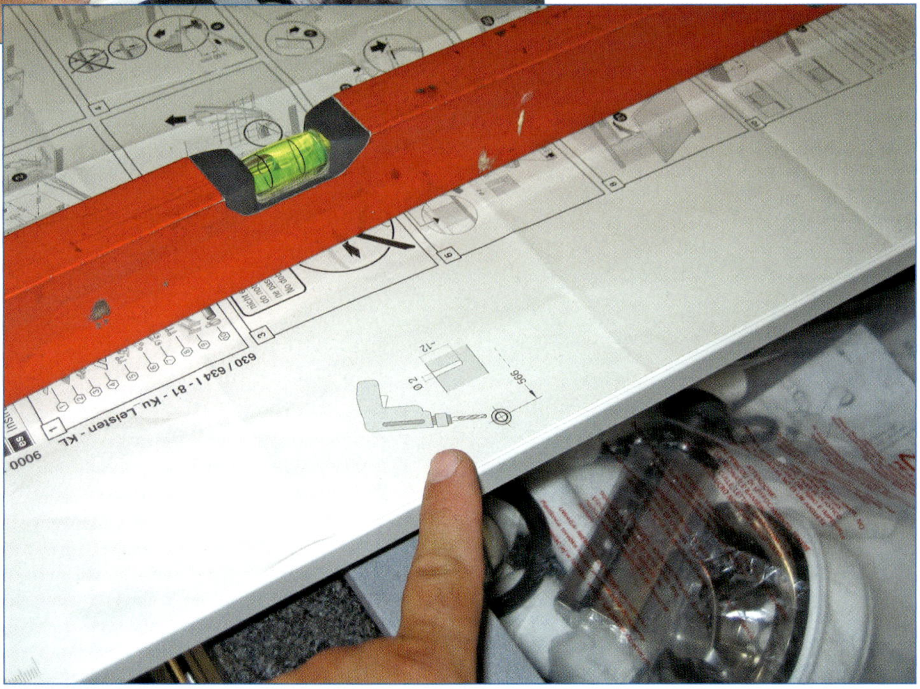

**Abb. 3.70 –** Auf dem Montageplan eingezeichnete Stelle für einen anzuschraubenden Haken.

**Abb. 3.71** – Schritt 2: Die Stellen auf dem Brett, an denen ein Haken zu setzen ist, körnen Sie mit einem spitzen Körner und einem Hammer.

**Abb. 3.72** – Schritt 3: Sie schrauben die Haken mit dem Akkuschrauber an den gekörnten Stellen fest und …

**Abb. 3.73** – Schritt 4: … hängen die Blende an der Tür des Geschirrspülers ein.

Etwas anders als beim Geschirrspüler gehen Sie beim Kühlschrank vor. Nachdem Sie den Kühlschrank in den Wandschrank geschoben haben, schrauben Sie an der Innenseite der Schranktür zwei Führungsschienen an (Abb. 3.75), die Sie an der Kühlschranktür einfädeln. Außerdem stecken Sie die mitgelieferten Abdichtblenden auf beiden Seiten zwischen Gerät und Wandschrank, um einen bündigen Abschluss zu erreichen.

## 3.12 Spüle richtig einbauen

Bevor Sie nach Kapitel 3.13 die Arbeitsplatte an den Stoßstellen abdichten, bauen Sie noch die Spüle ein. Im Gegensatz zum Kochfeld kleben Sie die Spüle in der Arbeitsplatte fest. Dafür eignet sich die Naturstein-Dichtmasse, mit der man auch

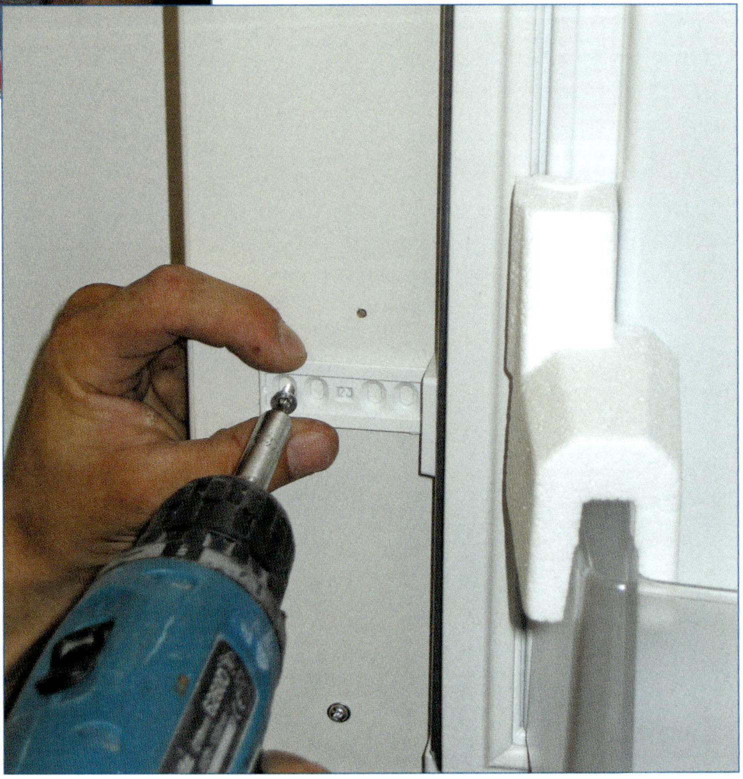

**Abb. 3.74** – Schritt 5: Zuletzt schrauben Sie die Frontplatte durch vorgegebene Bohrungen an die Tür – fertig.

**Abb. 3.75** – Führungsschienen verbinden die Türen von Wandschrank und Kühlschrank.

Abb. 3.76 – An der Rückseite der Spüle tragen Sie Naturstein-Dichtmasse auf und …

die Teile der Arbeitsplatte zusammenklebt. Den Kleber tragen Sie an der Rückseite der Spüle an allen vier Seiten im Abstand von rund 1 cm bis 2 cm vom Rand durchgehend auf (Abb. 3.76). Anschließend heben Sie die Spüle behutsam in die Öffnung der Arbeitsplatte. Da diese meist etwas größer ist, kontrollieren Sie an beiden Enden der Spüle die Abstände zur Kante der Arbeitsplatte (Abb. 3.78). Der Abstand an beiden Enden muss exakt gleich sein, nur dann ist die Spüle 100-prozentig parallel eingebaut. Falls erforderlich, richten Sie sie etwas aus. Erst wenn sie exakt parallel zur Arbeitsplattenkante verläuft, drücken Sie sie für

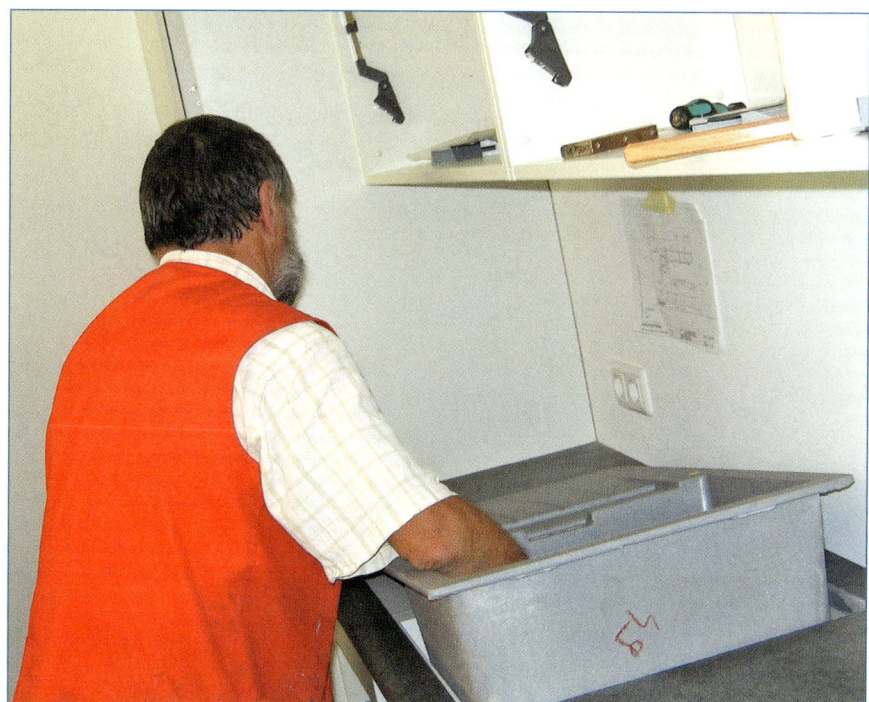

Abb. 3.77 – … setzen die Spüle in die Öffnung auf der Arbeitsplatte.

einige Augenblicke fest in die Öffnung der Arbeitsplatte hinein. Während die Dichtmasse trocknet, sollte man die Spüle nicht verrücken.

## 3.13 Arbeitsplatte an Stoßstellen abdichten

Ist auch die Spüle fertig eingebaut, dichten Sie die Arbeitsplatte an den Stoßstellen ab. An den Übergängen zur Wand, zur Spüle und zu den Seitenwänden der Küchenschränke ziehen Sie dazu ebenfalls eine Dichtungsfuge mit der Naturstein-Dichtmasse. Nachdem Sie sie aufgetragen haben, besprühen Sie die Stoßstellen mit etwas Wasser. Mit einem Keil schrappen Sie überschüssige Dichtmasse von der Oberfläche der Arbeitsplatte ab, damit alles professionell aussieht.

Abb. 3.78 – Mit dem Maßband prüfen Sie den Abstand zur Kante der Arbeitsplatte, der an beiden Enden der Spüle exakt gleich sein muss.

Abb. 3.79 – Stoßstellen zwischen Wand und Arbeitsplatte verfugen Sie mit Dichtmasse und …

Abb. 3.80 – ... besprühen anschließend die Fuge mit einem Zerstäuber mit etwas Wasser.

Abb. 3.81 – Überschüssige Dichtmasse entfernen Sie mit einem Keil.

## 3.14 Schubladen und Fächer einsetzen – fertig ist die neue Küche

Nachdem die Küche fast fertig aufgebaut ist, setzen Sie Schubladen, Türen und Klappen ein. Wenn in den Küchenschränken die Führungsschienen für die Schubladen bereits vormontiert sind, brauchen Sie die Schubladen nur noch einzuhängen. Ähnlich gehen Sie bei Türen und Klappen vor, die Schnappverschlüsse tragen und sich deshalb bequem einhängen lassen. Bei den Wandschränken macht man das am besten zu zweit. Während eine Person die Tür hält, steckt sie die andere auf die bereits montierten Gegenstücke im Schrank (Abb. 3.85 und Abb. 3.86). Schließlich stellen Sie die Frontblenden von Schubladen, aber auch Türen so ein, dass sie waagerecht eingebaut sind und gleiche Abstände zueinander haben (Abb. 3.84). Das gelingt mit Schrauben an den Scharnieren und Schnappverschlüssen. Sie benötigen nur einen

Abb. 3.82 – Zuerst montieren Sie die Griffe einer Schublade und …

Abb. 3.83 – … schrauben sie von innen nach außen an.

Abb. 3.84 – Die Frontblende der Schublade richten Sie zum Schluss exakt aus.

Abb. 3.85 – Die Tür eines Wandschranks hängt man am besten zu zweit ein.

Abb. 3.86 – Praktisch: Die Scharniere setzen Sie einfach auf die bereits vormontierten Teile der Schranktür auf.

Abb. 3.87 – Zuletzt stecken Sie die Fächer in die Hängeschränke.

Kreuzschraubendreher und Augenmaß, um die Schubladen und Türen exakt einzustellen.

Wenn die Arbeitsschritte abgeschlossen sind, brauchen Sie nur noch die Fächer in die Hängeschränke zu stecken (Abb. 3.87) – und fertig ist die neue Küche.

## 3.15 Selbstmontage oder Fachbetrieb?

Ein gut eingespieltes Team vorausgesetzt, geht der Aufbau einer Küche deutlich schneller von der Hand, als man meinen würde. Die Testküche in diesem Buch hatten Profis bereits nach einem Tag fertig aufgebaut. Bei größeren Küchen in L-Form mit abgesetzter Arbeitsinsel sind rund zwei Tage einzukalkulieren. Versuchen Sie dagegen, die Küche selbst zu installieren, ist selbstverständlich mehr Zeit einzuplanen. Sinnvoll ist die Selbstmontage außerdem nur, wenn Sie sich nicht erst das erforderliche Werkzeug kaufen müssen. Sie sollten auch den Garantieaspekt klären. Bleibt dieser bestehen, wenn Sie die Küche selbst montieren? Erleidet eine Frontblende einen Kratzer, ersetzt sie der Küchenlieferant ohne Aufpreis – allerdings nur, wenn ein Fachmann am Werk war. Passiert dagegen einem Laien bei der Montage der Küche ein Missgeschick, trägt er das volle finanzielle Risiko.

Abb. 3.88 – Fertig aufgebaute Beispielküche

# 4 Tipps zum Kauf

Eine Küche möchte man meist jahrzehntelang nutzen. Damit dieser Traum nicht am Geldbeutel scheitert, gibt Kapitel 4.1 Tipps, wie Sie beim Kauf der Küchenkomponenten viel Geld sparen können. Beim Kauf sollten Sie außerdem auf weitere Punkte achten. Das beginnt bei der Verarbeitungsqualität und den verwendeten Materialien. Nicht alle Küchenmöbel sind gleichermaßen stabil. In weiche Hölzer können im Laufe der Zeit Schrammen gelangen. Sind Kleinkinder im Haus, sollten Sie deshalb zu stabilerem Material greifen. Bei der Wahl der Küchenmöbel sollte man auch die spätere Pflege im Hinterkopf haben. Glatte Fronten lassen sich leichter reinigen als verschnörkelte. Hängeschränke und Arbeitsplatten sollten beständig und pflegeleicht sein.

### Vorsicht bei gebürstetem Metall

Küchen aus gebürstetem Metall sehen zwar im Küchenstudio nett aus, aber nur, weil auf ihnen nicht gearbeitet wird. Metallarbeitsplatten haben den Nachteil, dass sie leicht zerkratzt werden können. Außerdem sieht man jeden Fingerabdruck, weil die Haut Fett und Schweiß absondert. Das gilt auch für glänzende Designer-Dunstabzüge aus Metall. In „Metallküchen" ist deshalb viel Putzen angesagt.

### Bei Schränken und Kästen auf Scharniere achten

Schränke und Kästen sollten sich leicht öffnen und schließen lassen. Damit das über Jahrzehnte klappt, müssen die Scharniere qualitativ hochwertig sein. In vielen Küchen sind dagegen Standardbauteile eingebaut, die Sie allerdings bei Bedarf gegen andere austauschen können. Moderne Scharniere besitzen eine einstellbare Einzugsautomatik. Sie brauchen der Tür nur einen kleinen Schubs zu geben und schon schließt sie sich von selbst, Gleiches gilt für Schubladen. Damit auch die besten Scharniere wirklich eine lange Lebensdauer haben, sollte man behutsam mit ihnen umgehen.

### Ablagesysteme für Besteck und Co

müssen Sie nicht unbedingt beim Küchenausstatter mitbestellen. Sie werden auch in Möbelgroßmärkten fündig und können die Ablagesysteme jederzeit nachrüsten. Viele Systeme sind variabel und lassen sich an die individuellen Wünsche anpassen, vorausgesetzt, sie haben genormte Maße. Bei Sondermaßen greifen Sie am besten zur Empfehlung des Küchenlieferanten.

## 4.1 Viel Geld sparen

Beim Kauf einer Küche können Sie viel Geld sparen, wenn Sie geschickt vorgehen. Mit der Frage, was denn noch im Preis drin sei, können Sie ausloten, ob und um wie viel die Küche billiger zu bekommen ist. Einige Prozent Nachlass sind durchaus drin. Außerdem können Sie versuchen, einige Zubehörteile oder eine bessere Ausstattung auszuhandeln. Man sollte sich auch fragen, ob man tatsächlich alles so braucht, wie es der Verkäufer vorgeschlagen hat. Geld können Sie durchaus sparen, wenn Sie anstatt der ursprünglich empfohlenen Arbeitsplatte eine andere nehmen, die kaum anders aussieht. Auch

Griffe für Küchengeräte und Schränke unterscheiden sich je nach Modell teilweise spürbar im Preis.

### Küchengeräte

Viel Geld können Sie vor allem beim Kauf der Küchengeräte sparen. Vergleichen Sie dazu die Features, die die Geräte liefern. Brauchen Sie beispielsweise einen timerprogrammierbaren Geschirrspüler, der hundert verschiedene Waschprogramme beherrscht? Ist das extrabreite Kochfeld erforderlich? Vergleichen Sie die Preise für Elektrogeräte verschiedener deutscher Markenhersteller, deren Geräte laut Stiftung Warentest durchweg qualitativ sehr hochwertig sind. Sie müssen auch nicht alle Elektrogeräte vom selben Hersteller kaufen. Vor allem Einbaugeräte, die man ohnehin nicht sieht, wie Kühlschrank und Geschirrspüler, kann man von anderen Produzenten beziehen als den Backofen und das Kochfeld. Küchengeräte führt außerdem nicht nur das Einrichtungshaus. Fragen Sie Ihren ortsansässigen Elektrofachhändler, zu welchen Konditionen er die Geräte liefern kann.

# 5 Pläne für unterschiedlichste Küchen

Die folgenden 25 Küchenpläne können als Vorlage für Ihre eigene neue Küche dienen. Sie decken ein breites Spektrum aller nur möglichen Küchen für verschiedenste Grundrisse und Haushaltsgrößen ab, sei es für Singles, Paare, eine Klein- oder eine Großfamilie. Die Pläne reichen von kleinen Kochnischen bis hin zu Großküchen in L- oder U-Form mit ausgelagerten Arbeitsinseln. Sie können die Pläne eins zu eins übernehmen oder verändern und so optimal auf die eigenen Wünsche und Vorstellungen anpassen. Dazu reicht es mitunter, Schrankhöhen neu festzulegen und die Vorderseiten der Schränke anders einzufärben. Eine Küche lebt aber nicht nur von der Gestaltung der Möbelstücke, sondern auch von der Gestaltung des Raums. Etwas Mut ist angesagt, um Neues auszuprobieren. Wände müssen nicht immer nüchtern weiß sein. Sie wirken auch sehr gut, wenn man ihnen satte, mitunter sogar knallige Farben verpasst. Das schafft Kontraste und eine bestimmte Atmosphäre in der Küche. Dabei muss nicht einmal jede Wand die gleiche Farbe haben. Bevor man jedoch allzu freizügig mit dem Malen beginnt, sollte man Farben und Farbkombinationen wählen, die auch noch in zehn Jahren gefallen.

# Plan 1: Zeitlos elegant

Diese Küche in L-Form ist in einem weitgehend quadratischen Raum mit einer Fläche von rund 14 m² untergebracht. Sie besitzt eine großzügige Arbeitsplatte und viel Stauraum. Die Küchenschränke sind aus hellem Birkenholz gefertigt, die Arbeitsplatte besteht aus gelblichem Naturstein. Beides verleiht dem Raum einen hellen, freundlichen Eindruck. Die Anordnung der Küchenelemente auf zwei Seiten erlaubt, Koch- und Aufbewahrungs-Bereich räumlich voneinander zu trennen. Dazu sind an einer Seite alle zum Kochen erforderlichen Küchengeräte eingebaut. Backofen, Mikrowelle und Kühlschrank sind in einem halbhohen Wandschrank untergebracht, der die Küchenzeile an einer Seite abschließt. Alle Utensilien, die Sie für die Zubereitung von Speisen brauchen, sind dadurch leicht erreichbar aufbewahrt. In unmittelbarer Nähe ist das Ceranfeld eingebaut, über dem ein frei schwebender Dunstabzug montiert ist. Als Designerstück ist er nicht nur ein Blickfang, wenn man von der gegenüberliegenden Tür in den Raum eintritt. Neben der angenehmen Umgebungsluft liefert er auch das Licht für die Kochstelle. Zu beiden Seiten des Ceranfeldes können Sie auf einer Breite von je 60 cm ausreichend Töpfe und andere Kochutensilien auf der Arbeitsplatte abstellen. Die sich rechts anschließende Ecke lässt Platz für kleine Küchenhilfen, die man täglich benötigt. Sie können dort einen Kaffeeautomaten, die Brotschneidemaschine oder den Toaster abstellen. Selbst für ausreichend Stauraum ist im Bereich des Kochfelds gesorgt. Auf einer Länge von 1,80 m kann man in den einen Meter breiten Unterbauschränken Kochutensilien aller Art aufbewahren. Die Schränke haben zwei ausziehbare Fächer und eignen sich für größere Kunststoffdosen mit Nudeln, Mehl oder Zucker. Auch große Töpfe können Sie zuverlässig verstauen.

Der zweite Schenkel der Küche beherbergt den Geschirrspüler und die Spüle mit großer und kleiner Wanne sowie einem großzügigen Abtropfbecken. Da Geschirrspüler und Spüle nahe der Ecke platziert wurden, sind die Wege zum Kochbereich kurz. Die vielen Unterbau- und Wandschränke können Sie nach Belieben als Stauraum nutzen. Die unterschiedlich hohen Wandschränke lassen die Küche gefällig und locker wirken. Die Küchenfront wird auch durch einen bunten Mix aus Holz- und Glastüren aufgelockert. Mehrere Wandschränke und zwei Unterbauschränke erlauben, hinter ihren Glastüren Geschirr und Gläser repräsentativ und vor Staub geschützt abzustellen, was den abwechslungsreichen Charakter der Küche unterstreicht. Außerdem finden sich Personen besser zurecht, die in der Küche nicht jeden Tag arbeiten. Tipp: Schranktüren aus etwas milchigem Glas wirken elegant, weil der Inhalt der Schränke nur angedeutet wird.

Da sich etwas größere Küchen wie diese nicht nur als Arbeits- sondern auch Aufenthalts-Raum eignen, steht am Fenster ein Tisch mit Stühlen. Der Tisch ist von allen Seiten gleich gut erreichbar und in der Nähe des Kühlschranks sowie der Kochgeräte aufgestellt. Dadurch kann der Koch oder die Köchin die zubereiteten Speisen servieren, ohne lange Wege zurücklegen zu müssen. Aber auch Kleinigkeiten sind schnell griffbereit.

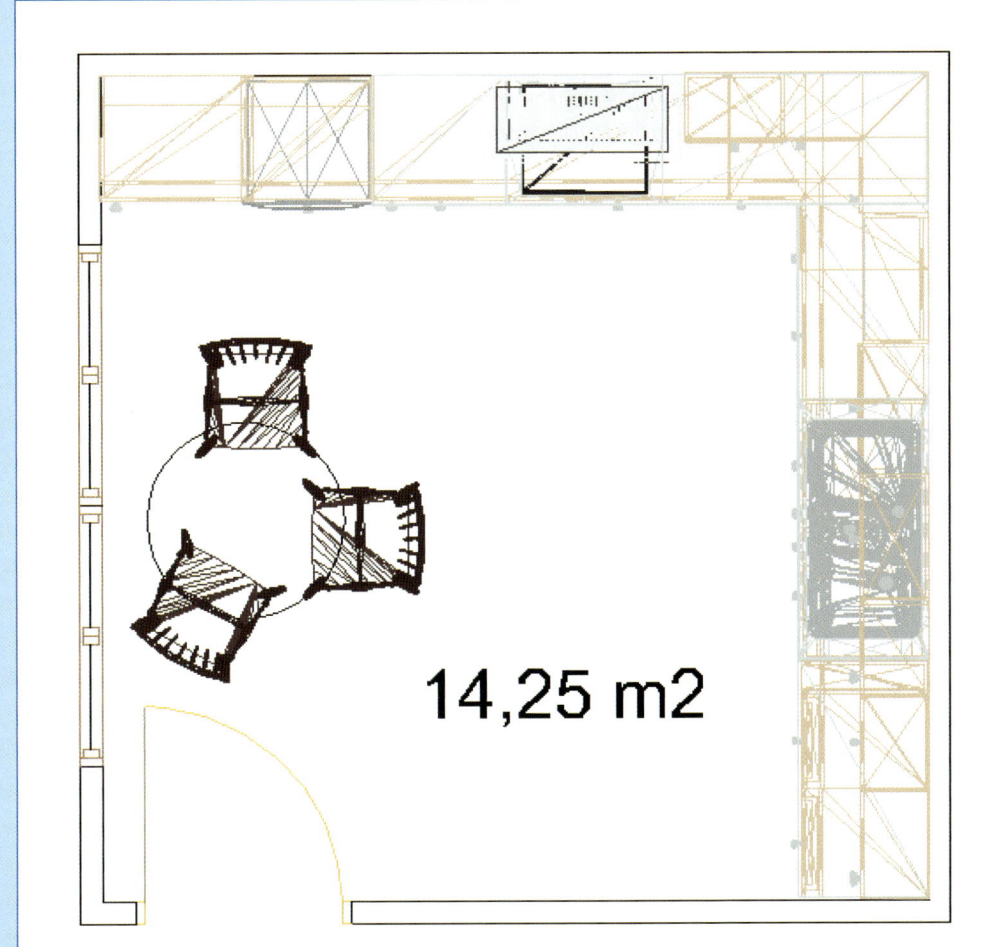

**Abb. 5.1 –** Küchenplan 1

**Abb. 5.2 –** Durch die unterschiedlich hohen Wandschränke wirkt diese geräumige Küche abwechslungsreich und locker.

# Plan 2: Zweizeilige Küche auf engstem Raum

Vor allem in kleinen Wohnungen muss sich die Küche auf engstem Raum unterbringen lassen. Diese zweizeilige Küche misst auf 7,2 m² nur 2,4 m x 3,0 m und ist vor allem als Arbeitsstätte gedacht. Eine Glastür auf der gegenüberliegenden Seite der Eingangstür führt auf einen Balkon und sorgt für ausreichend Licht. Die typischen Kochgeräte wie Mikrowelle, Backofen und Kochplatten sind auf beide Küchenhälften aufgeteilt. Trotz der kompakten Abmessungen ist diese Küche komplett ausgestattet, bis hin zum Dunstabzug, der in einem Wandschrank integriert ist. Aus Platzgründen ist eine etwas kleinere Spüle mit einem Becken und Abtropfwanne eingebaut, darunter steht der Geschirrspüler. Die meist breiten Unterbau- und Wand-Schränke liefern genügend Stauraum. Die Wandschränke sind außerdem unterschiedlich hoch und lockern so die Küche auf. Moderne Materialien geben ihr den letzten Schliff. Dazu gehören die Arbeitsplatte aus gebürstetem Metall und die roten Küchenschränke.

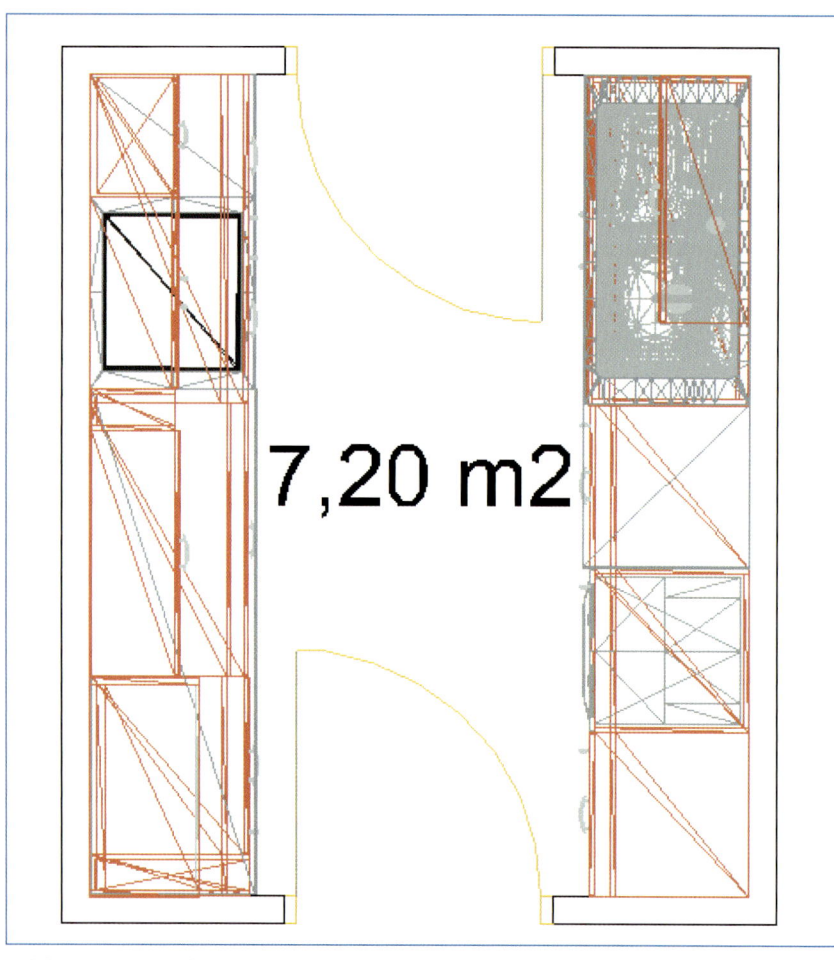

Abb. 5.3 – Küchenplan 2

Abb. 5.4 – 3-D-Ansicht der Küche.

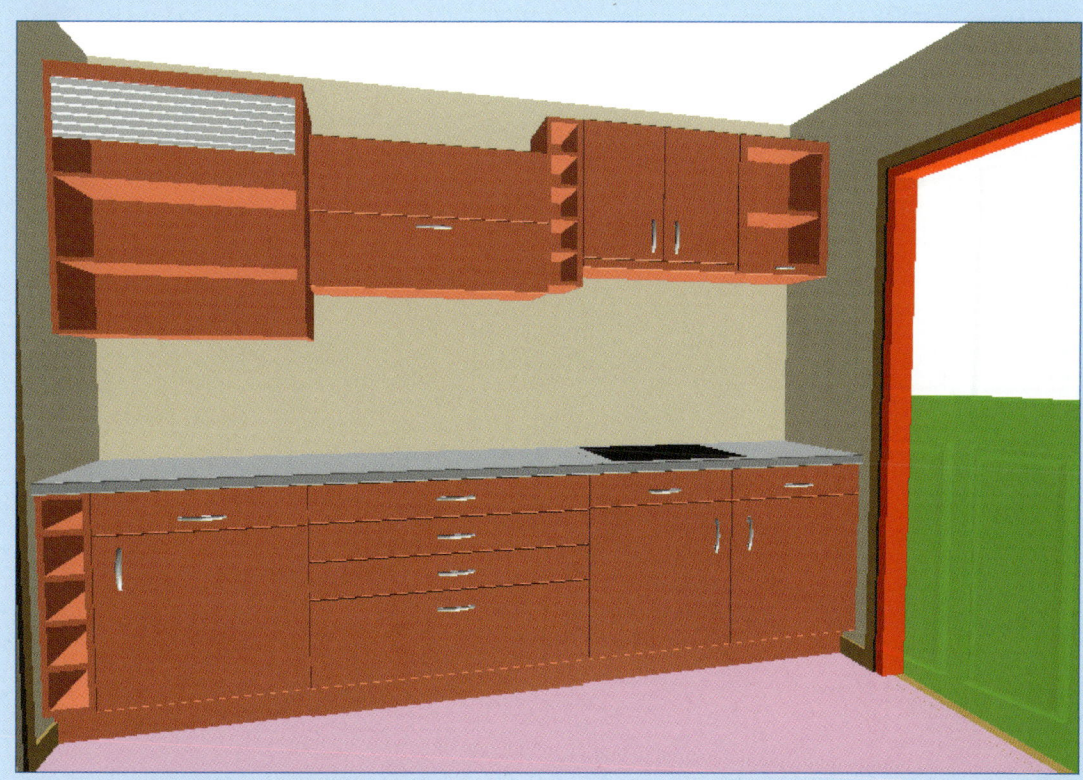

Abb. 5.5 – Trotz der wenigen Quadratmeter hat diese Küche ausreichend Stauraum und ist komplett ausgestattet.

# Plan 3: Wenig Platz optimal nutzen

Diese Küche ist weitgehend mit Küche 2 identisch. Der Raum hat aber nur noch eine Tür, statt der zweiten ist auf der gegenüberliegenden Seite ein Fenster eingebaut. Dadurch sind der Koch- und Pflegebereich voneinander getrennt. Sie können Töpfe, Pfannen, Teller und Lebensmittel an der Seite verstauen, wo Sie sie am ehesten benötigen. Trotzdem fallen die Wege zwischen beiden Küchenzeilen nicht ins Gewicht, da diese nur 1,20 m auseinander liegen.

Statt des zweizeiligen Küchenaufbaus können Sie im Raum auch eine Arbeitsplatte in U-Form einbauen. Dann ist auch vor der Fensterwand eine Arbeitsfläche montiert, die außerdem als Essplatz dienen kann. Spüle und Kochfeld müssen Sie in diesem Fall mehr in die Mitte des Raums verlegen.

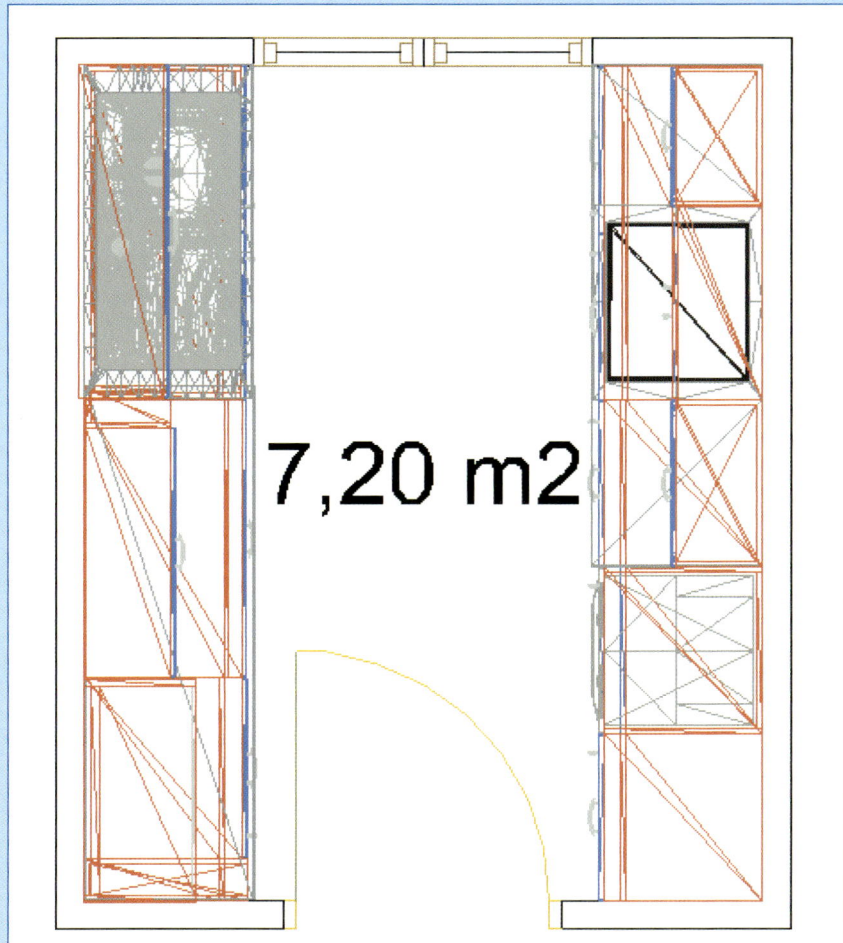

**Abb. 5.6** – Küchenplan 3

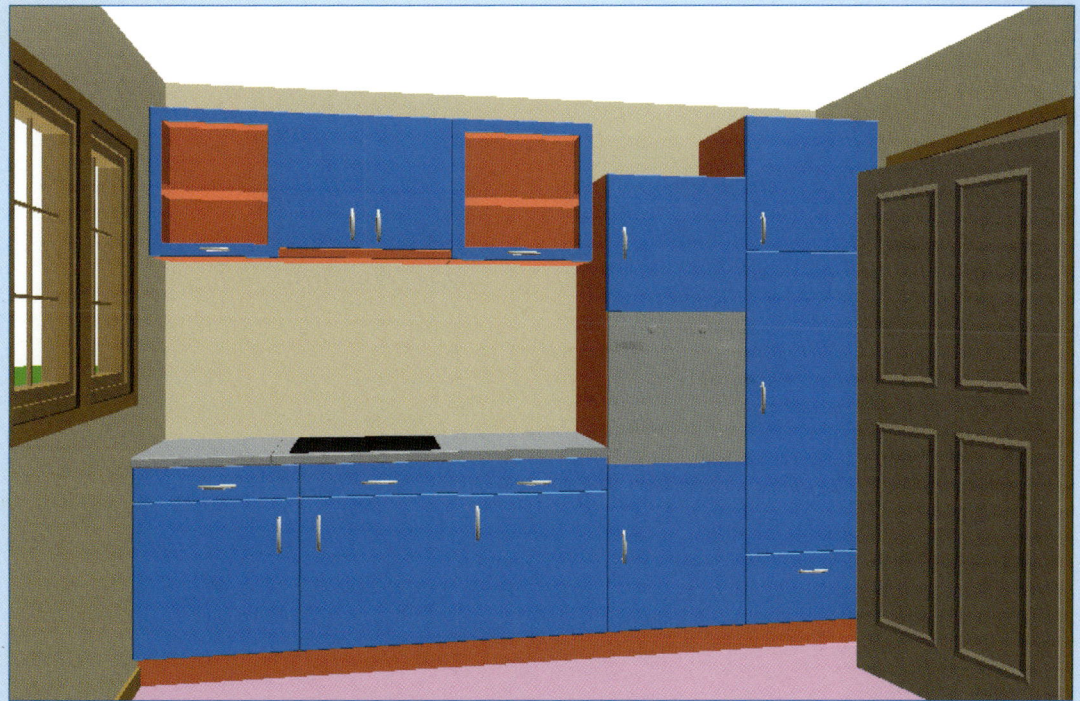

**Abb. 5.7** – Die Küchenzeile mit den Elektrogeräten: Kochfeld, Backofen und Kühlschrank.

# Plan 4: Zwei L-förmige Küchenzeilen

In diesen rund 16 m² großen Raum ist eine Küche eingebaut, die sich in zwei L-förmige Teilsegmente aufteilt. Die große Küchenzeile hat eine lichtgraue Arbeitsplatte, die Küchenschränke sind aus Birkenholz gefertigt (Abb. 5.9). Dieser Teil der Küche beherbergt das Ceranfeld mit eingebautem Dunstabzug, eine Spüle mit großem und kleinem Becken sowie darunter einen Geschirrspüler. Obwohl Spüle und Kochplatten relativ nahe nebeneinander eingebaut sind, ist zwischen beiden genug Platz, um gerade benötigte Utensilien abzustellen, ohne die Kocharbeiten zu stören. Mehr als genug Arbeitsfläche haben Sie außerdem im Bereich des Fensters. Dieser Teil der Arbeitsplatte profitiert zudem vom einfallenden Tageslicht. Um die Küchenzeile weiter aufzulockern, sind verschiedene Hängeschränke montiert. Neben geschlossenen Schränken hängen welche mit Glastüren, ein Rollladen und ein Regal. Die verschieden hohen Wandschränke unterstreichen den abwechslungsreichen Charakter und ermöglichen auch kleineren Personen, das obere Geschirrfach gut zu erreichen.

Backrohr, Mikrowelle und Kühlschrank sind abgesetzt in einer zweiten, kleineren L-förmigen Küchenzeile untergebracht (Abb. 5.10). In den daneben eingebauten Unterbauschränken können Sie alles Erdenkliche verstauen. Die Ecke beherbergt kleine Flaschenregale, die vor allem als Platzhalter dienen. Denkbar ist, dort einen Eckschrank mit herausschwenkbaren Körben einzubauen, um zusätzlichen Stauraum

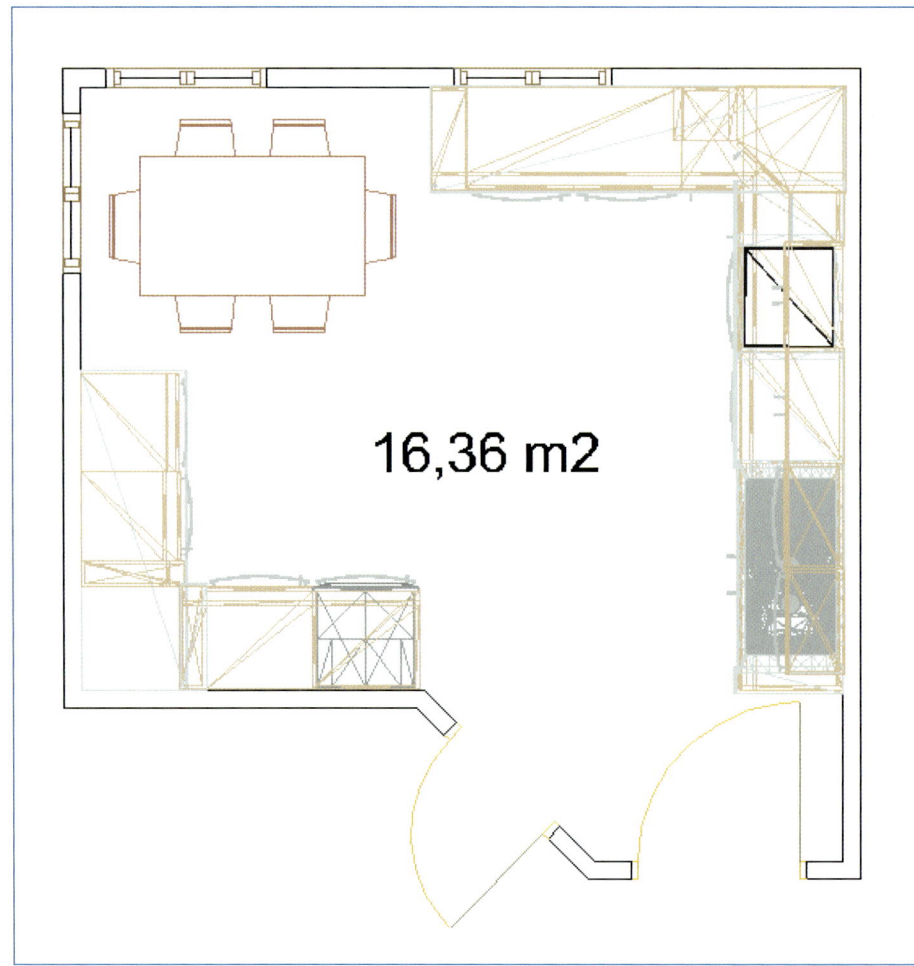

Abb. 5.8 – Küchenplan 4

zu gewinnen (vgl. Kapitel 1.5). Wegen des wenigen Platzes müsste man allerdings auf Maßarbeit zurückgreifen.

Wenn Sie Küche 4 aufbauen möchten, müssen Sie auf zwei Besonderheiten achten. Die lange Wand misst zwar rund 4,60 m, für die Länge der Küchenzeile müssen Sie allerdings den Drehbereich der Tür einplanen. Je nach Breite der Tür verlieren Sie so bis zu 95 cm. Bleiben zwischen dem Rand der Arbeitsplatte, die bis zu 3 cm seitlich über die Unterbauschränke ragt, und der auf Anschlag geöffneten Tür 1 cm bis 2 cm Freiraum, ist der verfügbare Platz optimal ausgenutzt. Bei dieser Küche ist man vielleicht auch geneigt, die Hängeschränke bis an den Fensterrand heranragen zu lassen. Das ist zwar möglich, verleiht dem Fenster aber den Charme eines Tunnels. Planen Sie dagegen einen Abstand von mindestens 35 cm ein, bleibt außerdem genügend Platz für eine Gardinenleiste und Vorhänge.

**Abb. 5.9** – Die große Küchenzeile in L-Form beherbergt Kochplatte, Spüle und eine großzügig bemessene Arbeitsfläche.

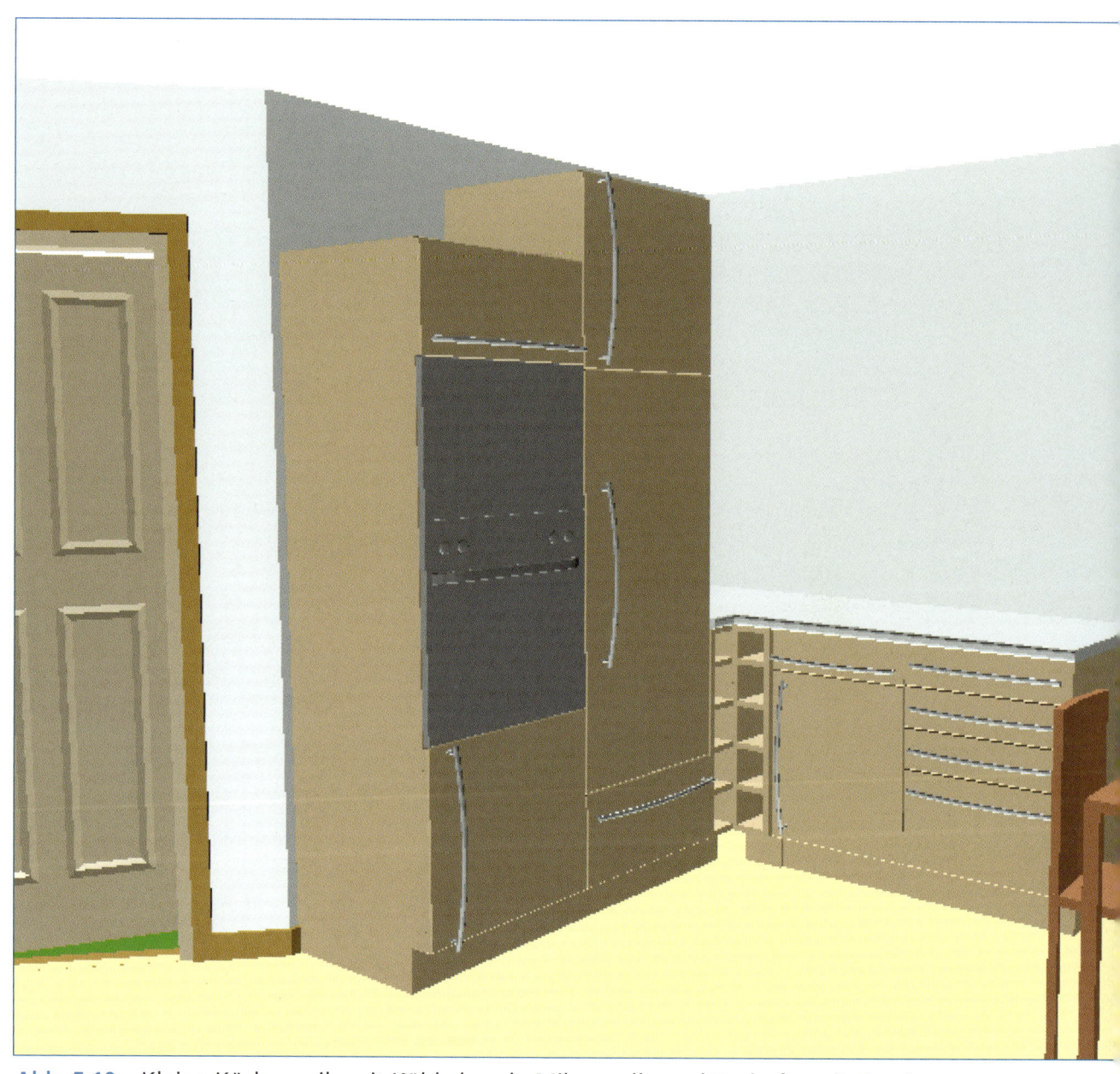

**Abb. 5.10** – Kleine Küchenzeile mit Kühlschrank, Mikrowelle und Backofen, die in eine Schrankgruppe eingebaut sind.

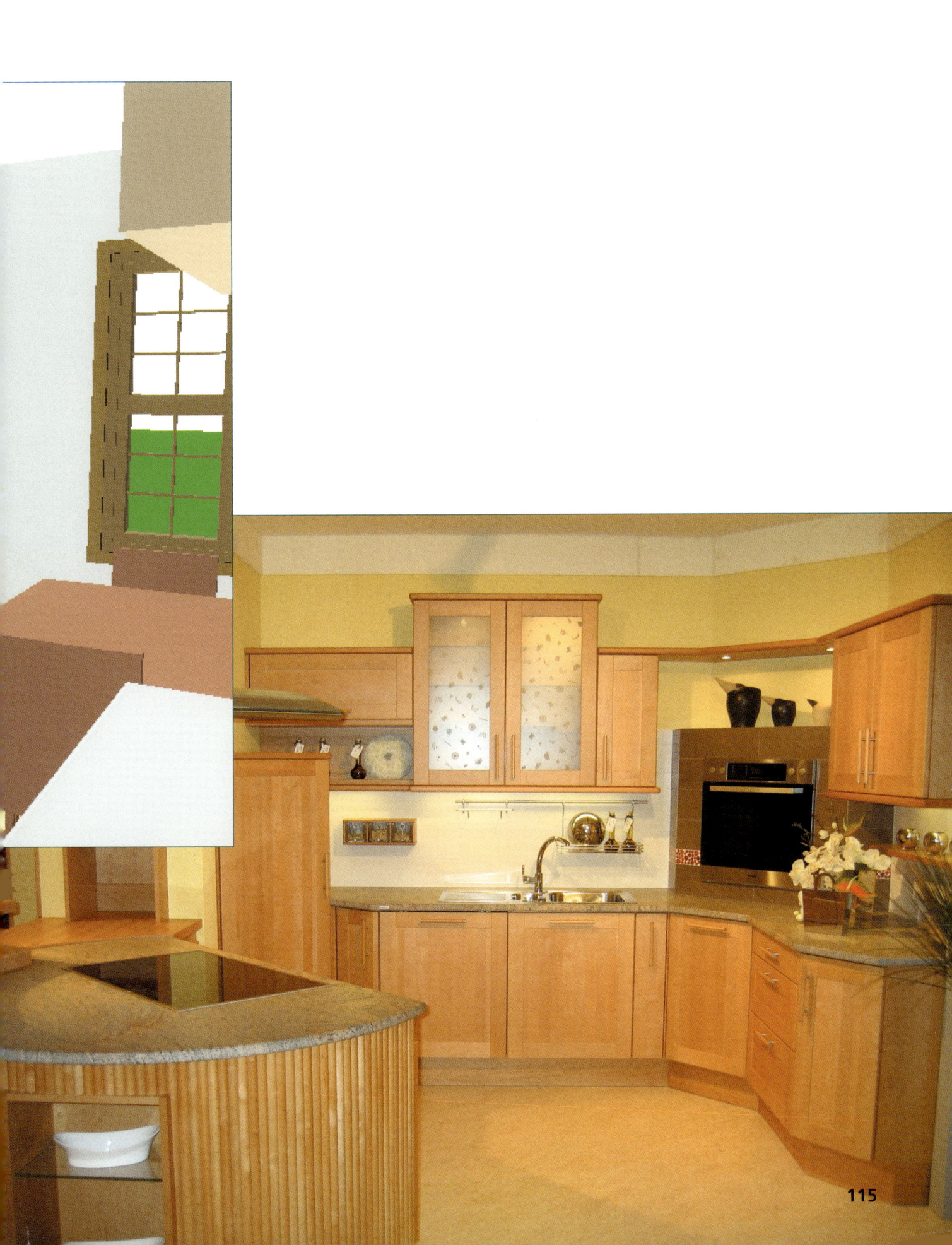

# Plan 5: Kleinküche mit Komfort

Je kleiner eine Küche, umso schwieriger ist sie einzurichten. Dieser Satz gilt vor allem auch für diesen Küchenraum, der nur rund 8,8 m² misst. Durch die Fenster an zwei Seiten geht zunächst Platz für Hängeschränke und damit Stauraum verloren. Der Raum hat zwar eine Tür, ist aber zusätzlich durch einen rund 1,5 m breiten Gang mit dem Wohnzimmer verbunden. Küchengeräte in Normgrößen unterzubringen ist unter solchen Voraussetzungen schwer. Backofen und Mikrowelle sind trotzdem zeitgemäß in einem Wandschrank eingebaut, der in zwei zusätzlichen Fächern auch Küchenutensilien beherbergt. Einen klassischen Dunstabzug sucht man vergebens, weil der Herd vor einem der beiden Fenster eingebaut ist. Um beim Aufbau des Kühlschranks Staufläche zu sparen, steht dieser nicht in einem Unterbauschrank, sondern an der Wand zwischen Tür und Durchgang zum Wohnzimmer. Statt des Einbaugeräts in einem rund 1,5 m hohen Schrank kommt auch ein großes freistehendes Designermodell infrage. Der Wandschrank mit dem Kühlschrank besitzt auch einen schmalen Auszugsschrank. Dieser Apothekerschrank eignet sich besonders, um viele kleine Dinge zu verstauen – von der Kakaodose der Kinder bis hin zu einzelnen Tüten. Als Kontrast zur hellen Farbe der Schränke haben sich die Küchenplaner für eine Arbeitsplatte aus dunklem Naturstein entschieden.

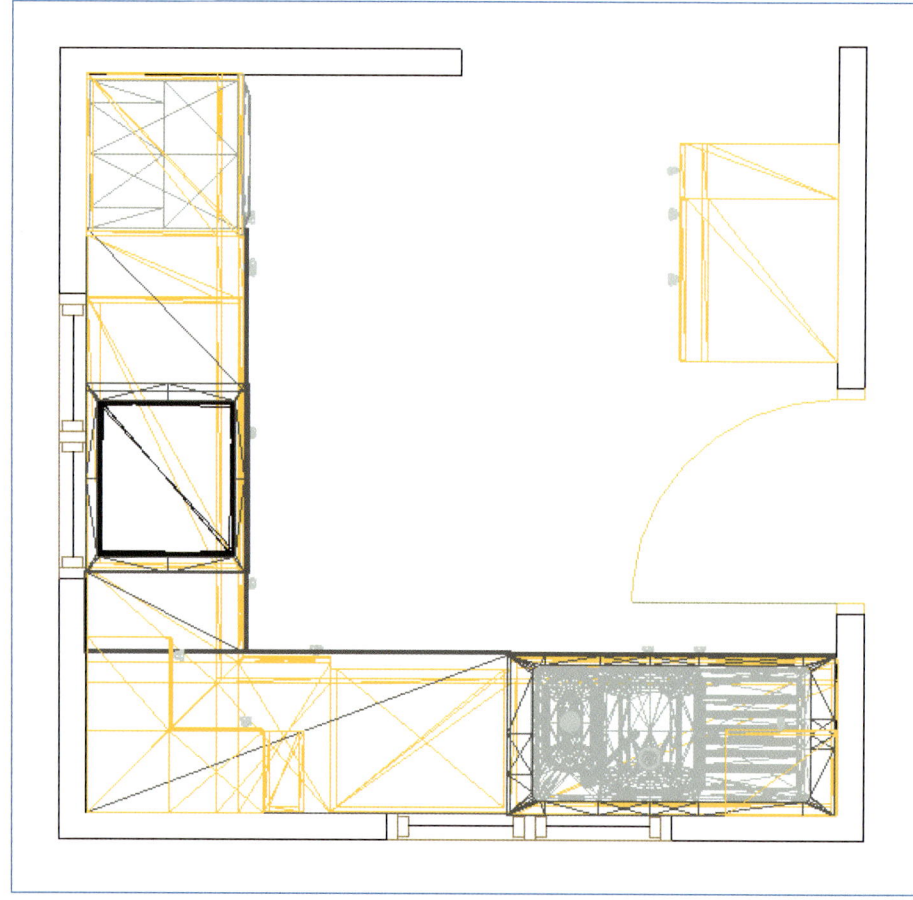

**Abb. 5.11** – Küchenplan 5

**Abb. 5.12** – Koch- und Spülbereich sind gut voneinander getrennt.

**Abb. 5.13** – Wegen der Fenster zu beiden Seiten muss diese Küche weitgehend ohne Wandschränke auskommen.

# Plan 6: Dunkle Eleganz im Wohnzimmerambiente

Große Aufenthaltsräume, in denen Wohnzimmer und Küche eine Einheit bilden, liegen bereits seit Jahren im Trend. Küche 6 gehört zu diesem Typ des Küchen-Wohnzimmers. Der Küchenbereich misst ohne den Esstisch 9 m² und beherbergt kaum klassische Wand- und Unterbauschränke. Stattdessen sind zu beiden Seiten des Fensters zwei 2,26 m hohe Schränke aufgestellt, in die Backofen, Mikrowelle und Kühlschrank eingebaut sind. Sie liefern außerdem viel Stauraum, den sonst die typischen Küchenschränke bereitstellen. Unter dem Fenster sind Unterbauschränke eingebaut, die nicht ganz so tief sind wie die hohen Wandschränke. Dadurch wird der Effekt einer kleinen Nische erzeugt, auf deren Arbeitsplatte Blumen für Abwechslung sorgen können. Auch Kochbücher können Sie dort repräsentativ lagern. Da von der Spüle oder dem Geschirrspüler der Weg zu den Schränken am Fenster etwas lang ist, haben die Küchenprofis einen weiteren hohen Schrank in der Mitte der Seitenwand aufgestellt. Dort ist alles gelagert, was man auf die Schnelle zum Essen und Kochen braucht.

Ceranfeld, Spüle und Geschirrspüler sind auf einer Arbeitsinsel nach Kapitel 1.3 untergebracht, die die Kocharbeiten in den Raum trägt. Dadurch muss die Hausfrau oder der Hausmann nicht mehr still für sich allein arbeiten, sondern ist aktiv in das familiäre Leben eingebunden. Die Kücheninsel liefert außerdem ausreichend Lagerplatz für Töpfe, Pfannen und andere Küchenutensilien. Akzente setzt diese Küche auch bei der Wahl der Materialien. Die Schränke im sehr dunklen Braunton vermitteln südländisches Flair, das durch den dunklen Naturstein der Arbeitsplatte unterstrichen wird. Die Fenster im Nahbereich der Küche sorgen für einen von Licht durchfluteten Raum, sodass die dunklen Küchenschränke und Wände einen guten Kontrast bilden.

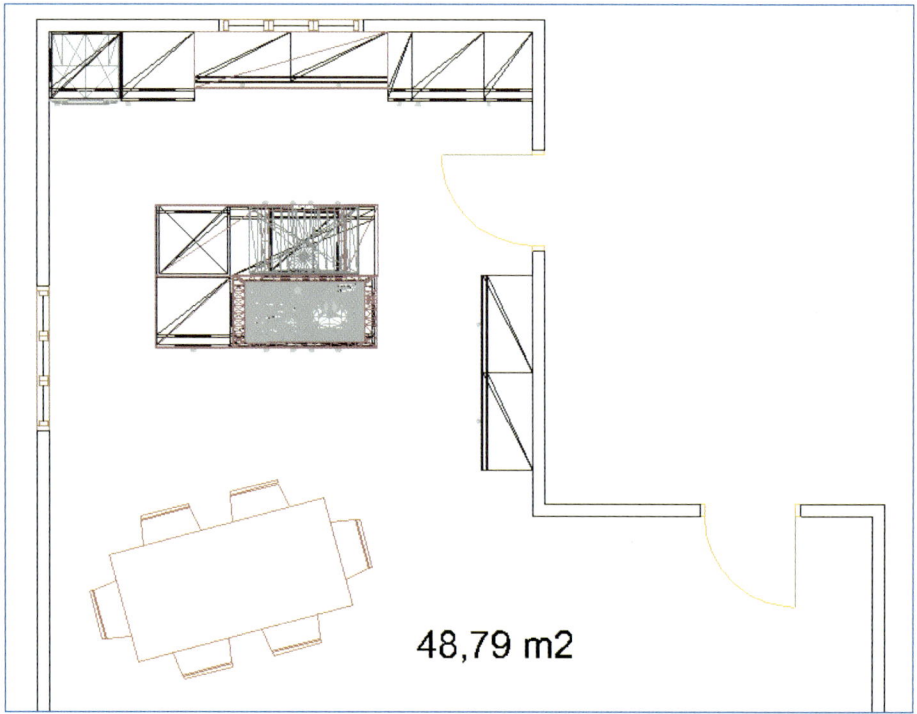

**Abb. 5.14** – Küchenplan 6

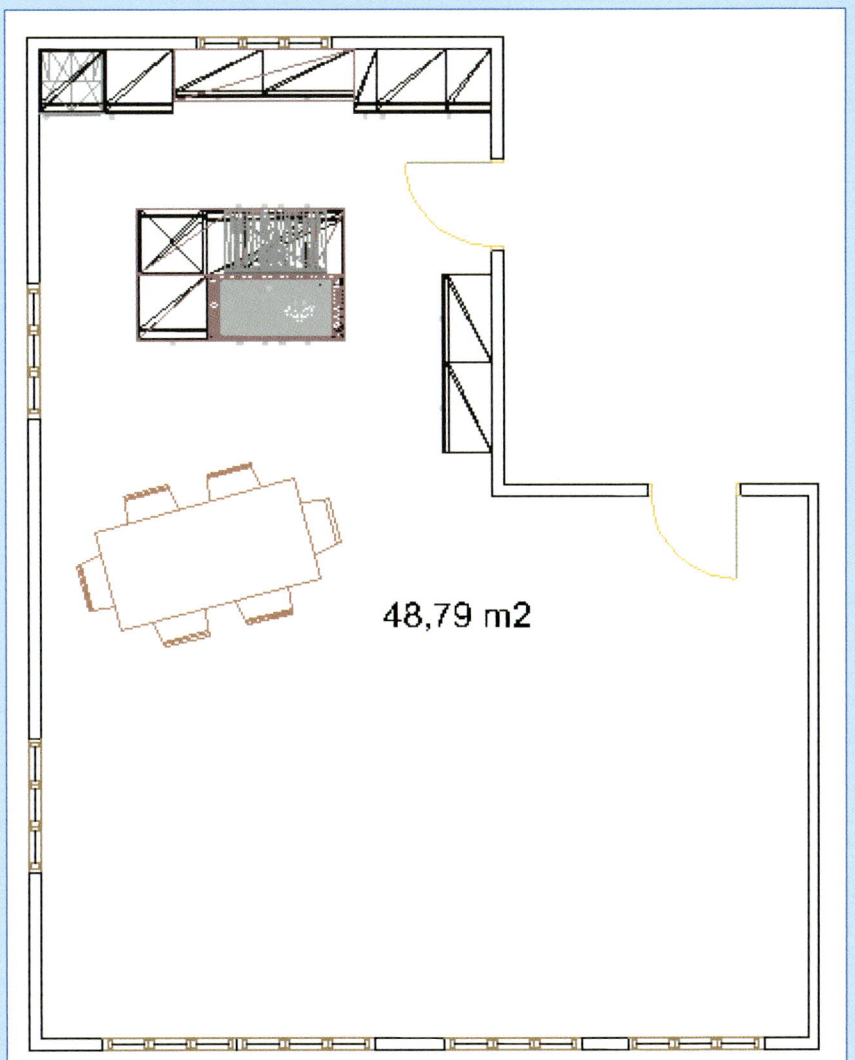

Abb. 5.15 – Im Küchen-Wohnzimmer bleibt genug Platz, um einen gemütlichen Wohnbereich einzurichten.

Abb. 5.16 – Kochfeld und Spüle sind in der Kücheninsel eingebaut. Auf Unterbau- und Hängeschränke haben die Planer zugunsten hoher Schränke weitgehend verzichtet.

# Plan 7: Wohnzimmer-Küche mit viereckiger Arbeitsfläche

Auch diese Küche ist Teil eines großen Wohnraums. Durch seine L-Form sind Wohn-, Ess- und Küchenbereich voneinander getrennt (Abb. 5.18). Die Küche ist auf einer rund 9 m² großen Fläche untergebracht, die dank großer Fenster auf zwei Seiten bestens von Tageslicht durchflutet wird. Da man wegen der Fenster kaum Hängeschränke montieren kann, erstreckt sich der Arbeitsbereich über vier Seiten (Abb. 5.20). Dieser Aufbau liefert mit vielen Unterbauschränken genügend Stauraum. Der Kochbereich beherbergt neben dem Kochfeld in der Ecke einen hohen Schrank, in den Backofen und Mikrowelle eingebaut sind. Der Dunstabzug ist im Eckschrank versteckt. Alternativ könnte man das Kochfeld in den Schenkel einbauen, der als Halbinsel aufgebaut ist. Die Planer haben sich jedoch bewusst dagegen entschieden, um auf der „Halbinsel" einen Kommunikationsbereich zu schaffen. Wenn Sie diesen Teil der Arbeitsplatte etwas in den Wohnbereich verbreitern und Stühle aufstellen, schaffen Sie einen gesellschaftlichen Treffpunkt zum Klönen und Kaffeetrinken. Die Küchenfarben Blau und Weiß bieten einen guten Kontrast und verbinden eine eher traditionelle Küchenbauform mit der Moderne.

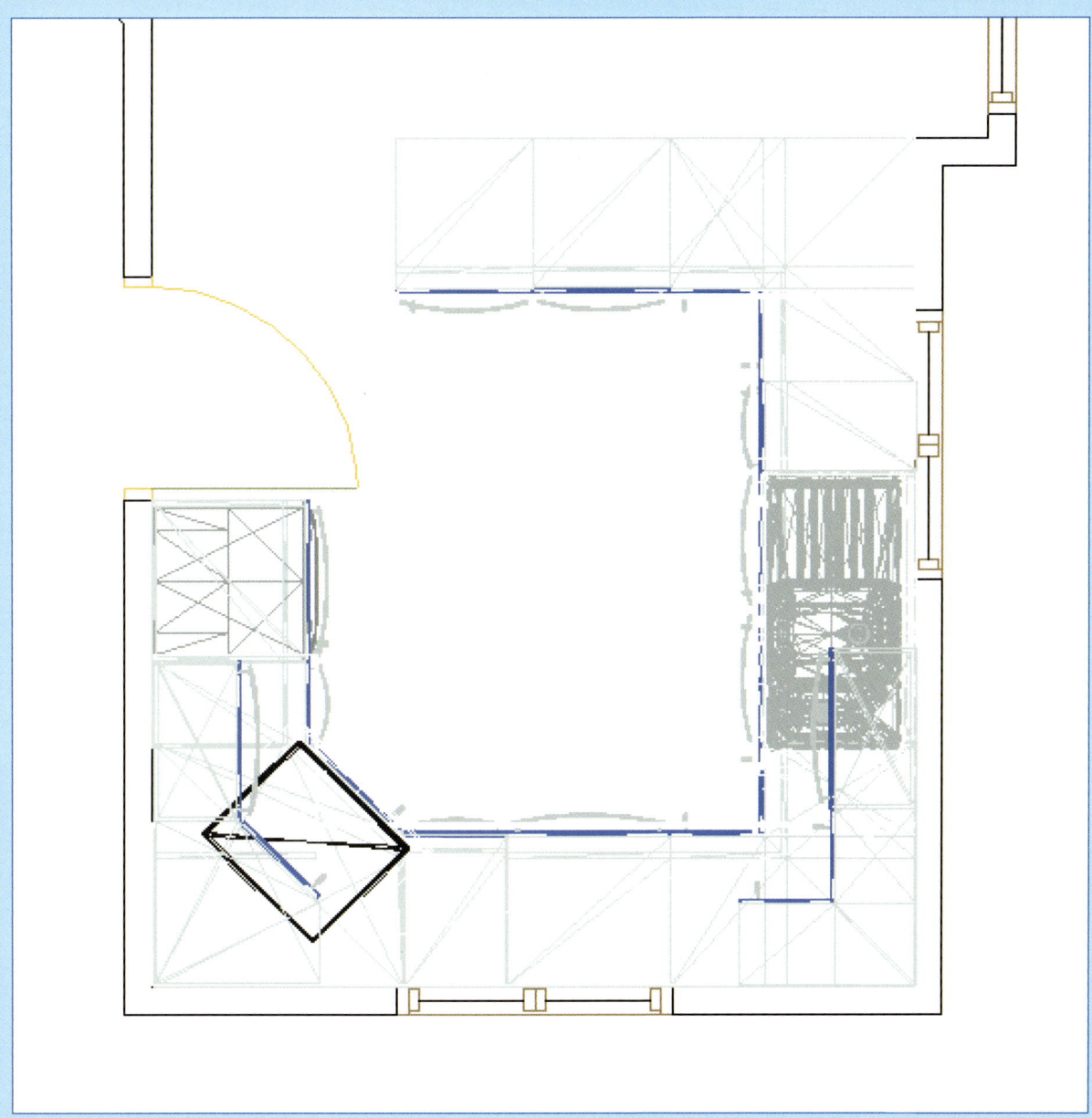

**Abb. 5.17** – Küchenplan 7

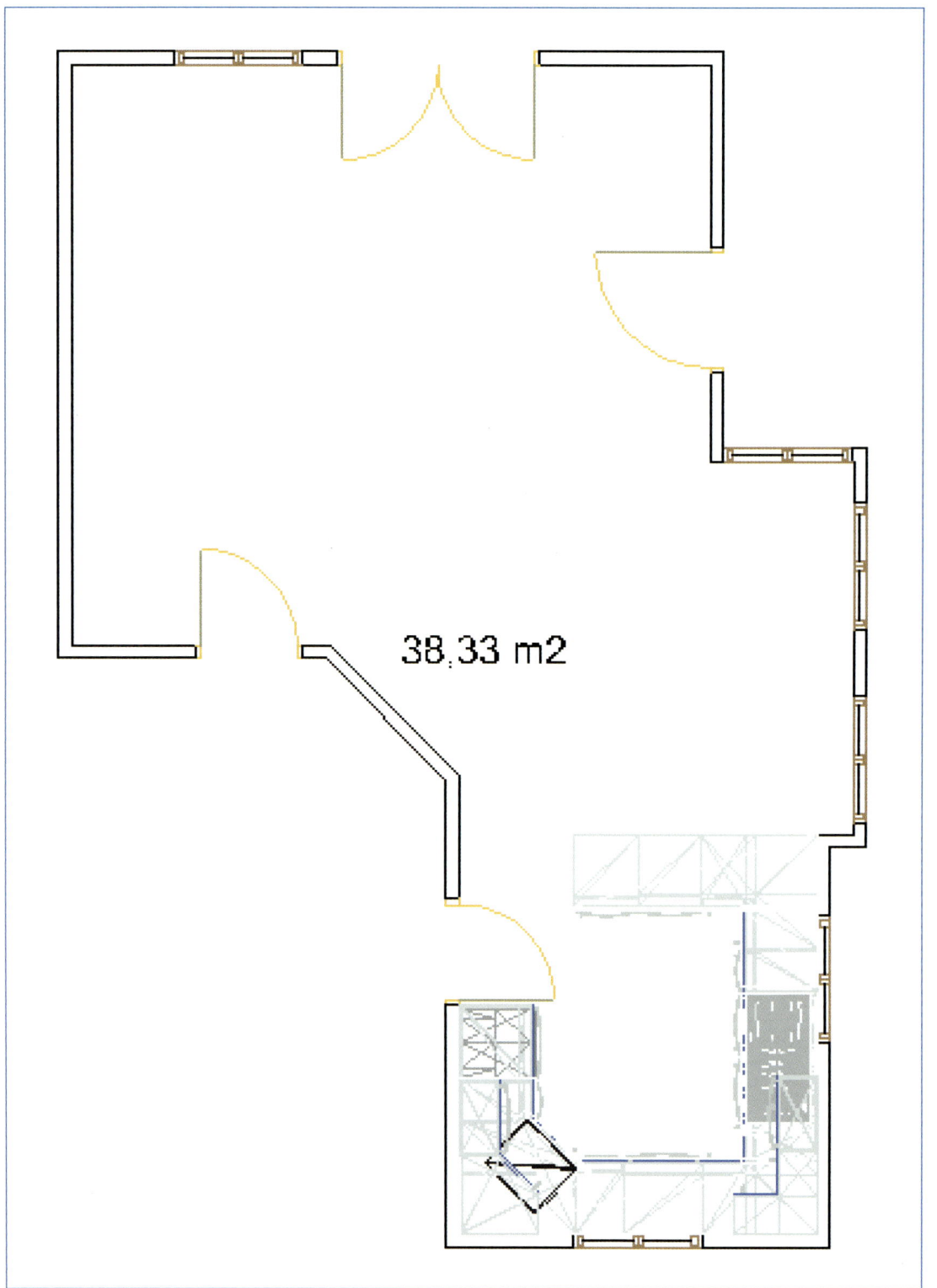

Abb. 5.18 – Im Zimmer sind Koch-, Ess- und Wohnbereich gut voneinander getrennt.

**Abb. 5.19** – Die Küche ist in frischen Blau- und Weißtönen gehalten. Die vielen Unterbauschränke liefern Stauraum.

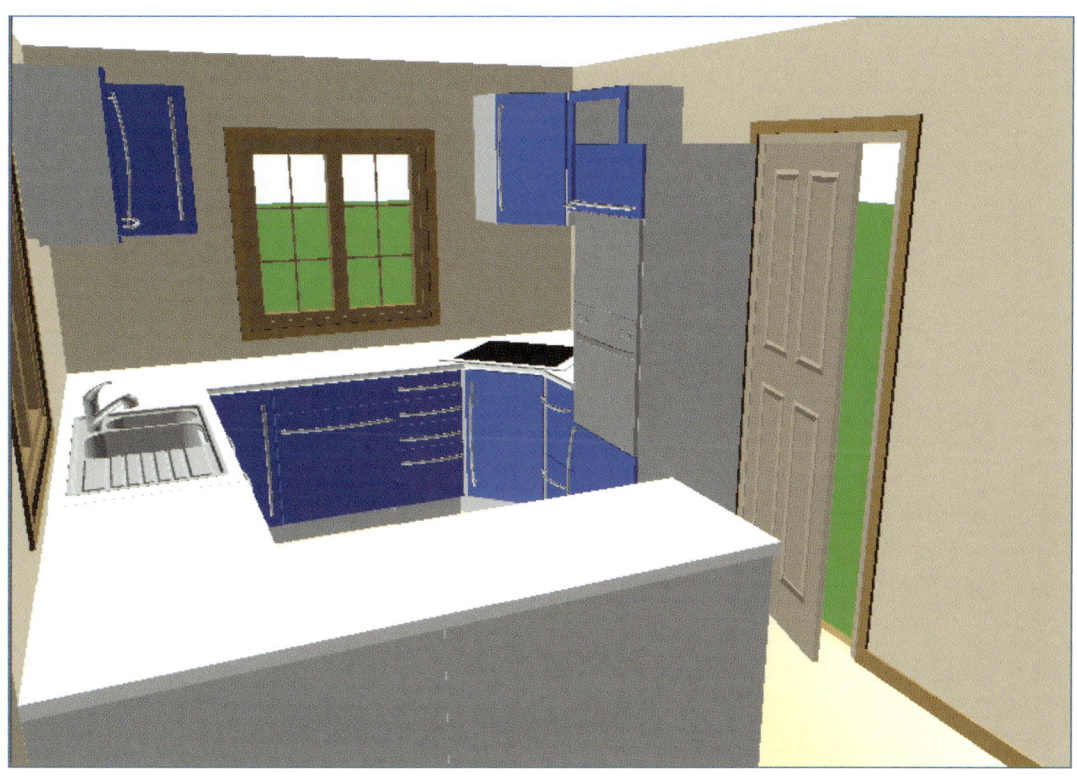

**Abb. 5.20** – Küche mit großer Arbeitsplatte, die sich über vier Seiten erstreckt.

# Plan 8: Hauptzeile mit Kücheninsel für Einbaugeräte

Diese einzeilige Küche wurde um eine L-förmige Kücheninsel zwischen Tür und Esstisch erweitert. Kochfeld, Mikrowelle, Spüle und Geschirrspüler sind in der Hauptzeile untergebracht. Da bis auf den Geschirrspüler keine Einbaugeräte verwendet wurden, ist in den Unterbauschränken reichlich Platz für Geschirr und Lebensmittel. In einem kleinen Apothekerschrank können Sie außerdem Kleinigkeiten lagern. Die Hängeschränke sind nicht nur verschieden hoch und tief, sondern auch in unterschiedlichen Höhen montiert. Neben Türen aus Massivholz und Glas, sind auch ein Rollladensystem und ein Regal eingeplant. All das sorgt für eine lebendige Atmosphäre (Abb. 5.23).

Die L-förmige Kücheninsel an der gegenüberliegenden Seite des Raums beherbergt an der Stelle, die der Hauptzeile zugewandt ist, den Backofen und den Kühlschrank. Beide Geräte sind in halbhohe Schränke eingebaut, in denen man in einigen Schubladen weitere Arbeitsutensilien lagern kann. Die zweite Seite der Insel ist dem Esstisch zugewandt und besteht aus Unterbauschränken und einem Wandschrank, in denen Sie nicht täglich benötigte Gegenstände verstauen können. Die Arbeitsplatte der Insel ist weit weg vom Kochfeld und eignet sich deshalb kaum für Küchenarbeiten. Sie können dort aber einen Fernseher aufstellen, wenn Sie beim Essen auch mal fernsehen möchten und den Platz mit weiteren Kleinigkeiten wie einer Obstschale

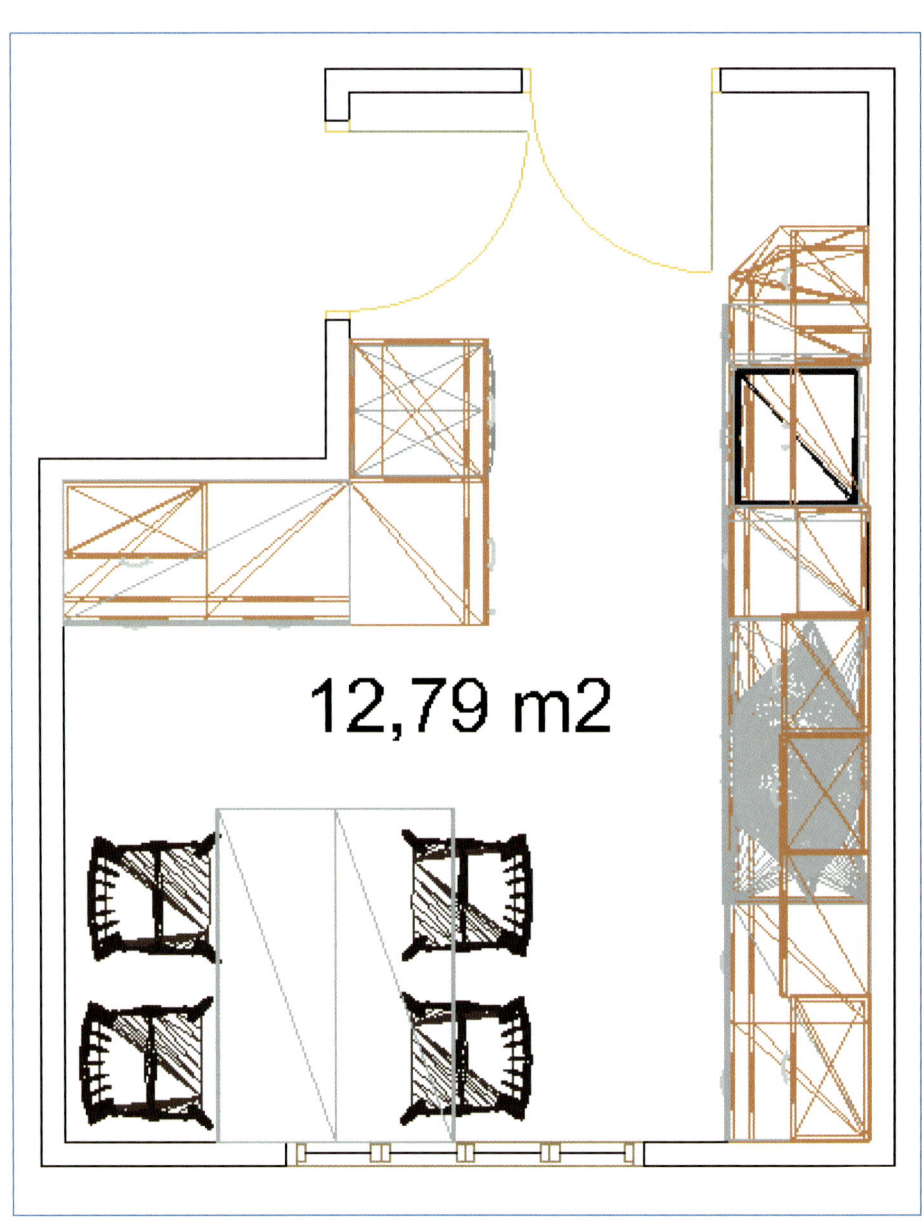

Abb. 5.21 – Küchenplan 8

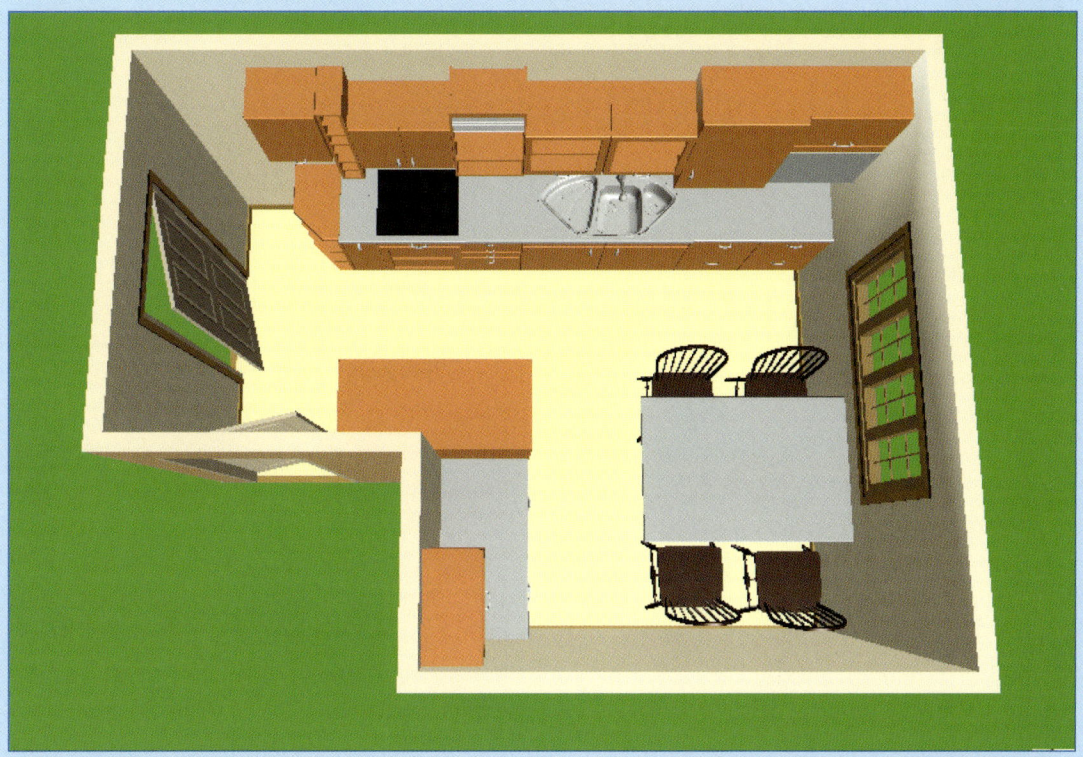

**Abb. 5.22** – Auch in einem L-förmigen Raum können Sie problemlos eine größere Küche unterbringen.

ausschmücken. Die Schränke sind wie die Schrankelemente der Hauptzeile aus kirschfarbenem Holz gefertigt und verleihen der Küche so eine zeitlose Note. Diese unterstützt die lichtgraue Arbeitsplatte, die aus Naturstein, aber auch aus Schichtstoff gefertigt sein kann, den die Hersteller auch als Steinimitation liefern.

**Abb. 5.23** – Die vielen verschiedenen Hängeschränke sorgen für eine lebendige Atmosphäre. Das kirschfarbene Holz verleiht der Küche eine zeitlose Note.

# Plan 9: Kochinsel als Kommunikationszentrum

In diesen etwas kleineren Küchen-Wohnraum ist auf 14,8 m² eine einzeilige moderne Küche mit Kochinsel eingebaut. Da man wegen der Fenster an zwei Seiten kaum Hängeschränke montieren kann, sind um die Spüle herum zwei große Schränke aufgebaut. Sie beherbergen den Kühlschrank, den Backofen und die Mikrowelle. Der Geschirrspüler ist unter dem Spülbecken eingebaut. Der Arbeitsbereich in dieser Küchenzeile beschränkt sich vor allem auf die Spüle. Für typische Kocharbeiten ist eine große Arbeitsinsel aufgebaut, in die auch das Kochfeld eingebaut ist. Sie liefert zusammen mit den beiden großen Küchenschränken viel Stauraum, den eine angrenzende Speisekammer noch einmal deutlich erweitert. Dort können Sie nicht täglich benötigte Küchengeräte wie Tischgrill und Eierkocher bestens verstauen. Die unverwechselbare Note erhält diese Küche durch den Esstisch, der die Arbeitsinsel an zwei Seiten umklammert. Arbeitsinsel und Esstisch machen den Küchenbereich des Zimmers dadurch zu einem Kommunikationszentrum und rücken so das Kochgeschehen in den Mittelpunkt der Familie oder des Freundeskreises. Sie können außerdem die Speisen auf kürzestem Weg servieren.

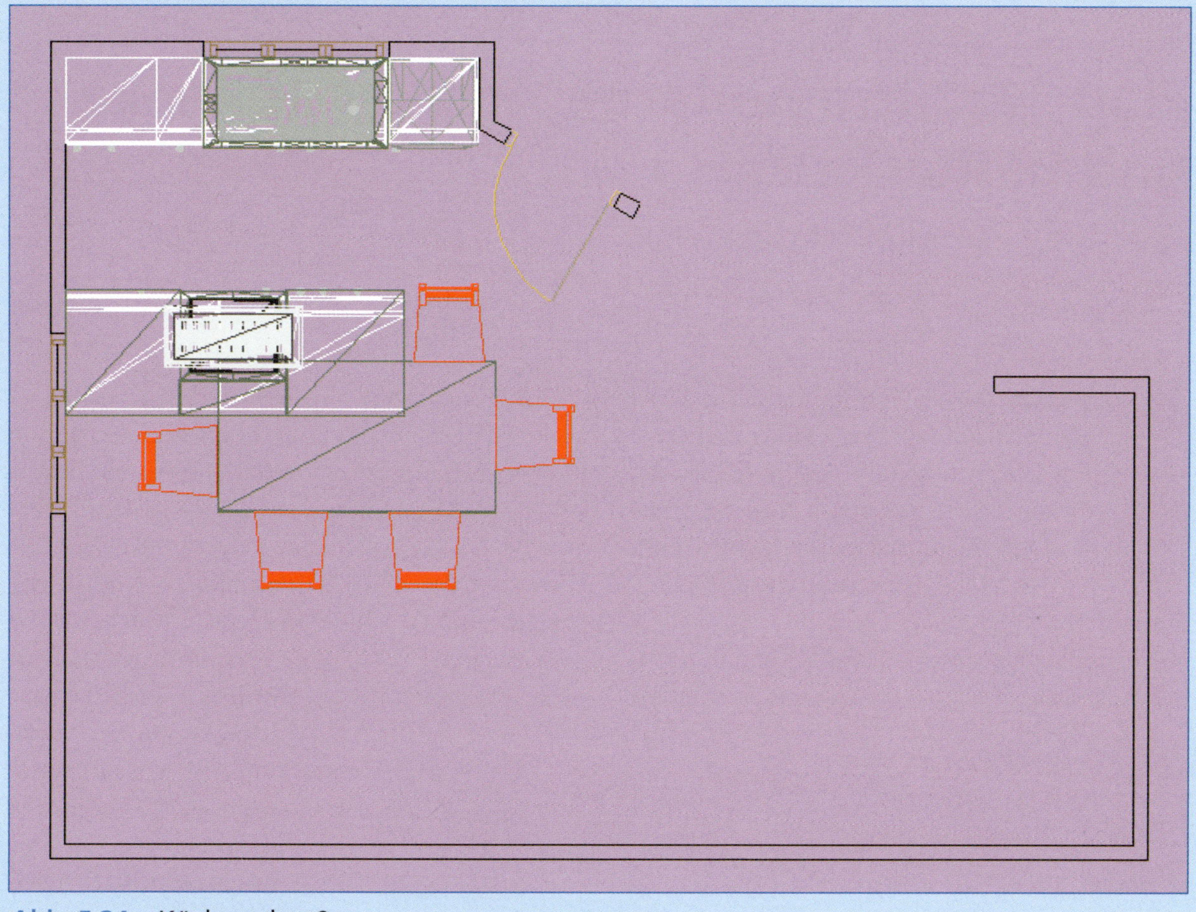

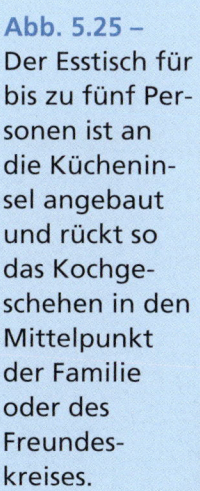

**Abb. 5.24** – Küchenplan 9

**Abb. 5.25** – Der Esstisch für bis zu fünf Personen ist an die Kücheninsel angebaut und rückt so das Kochgeschehen in den Mittelpunkt der Familie oder des Freundeskreises.

# Plan 10: Ultramoderne Küche mit Theke und Barhockern

Plan 10 zeigt eine ultramoderne Küche, die zu Eigenheimen in neuesten Bauformen passt und eine Fläche von rund 15 m² beansprucht. Man kann die Küche, die gleich mit mehreren Traditionen bricht, in einem separaten Raum oder als große Wohnzimmer-Küche aufbauen. Auffällig sind vor allem die großen, seitlich in die Wand eingebauten Schränke. Auch Kühlschrank, Mikrowelle und Backofen sind in der Wand verborgen. Da man die Rückseite der Küchengeräte kaum im benachbarten Raum haben möchte, ist eine Verkofferung aus Pressspanplatten nach Kapitel 2.4 anzuraten, in die Sie die Geräte einbauen. Der gesamte Arbeitsbereich ist auf einer Kücheninsel mit Kochfeld, Spüle und Geschirrspüler untergebracht. Die Arbeitsplatte lässt genug Freiraum für Arbeiten aller Art und um gerade benötigte Utensilien abzustellen. Die annähernd 80 cm tiefen Unterbauschränke überzeugen durch ihr großes Fassungsvermögen, zusammen mit den Wandschränken liefern sie ausreichend Stauraum. Die Arbeitsinsel schließt an eine Mauer an, die etwas mehr als einen Meter hoch ist und an der eine 35 cm breite Theke befestigt ist. An der Theke aufgestellte Barhocker erlauben Gästen und Familienmitgliedern, das Kochgeschehen live zu verfolgen. Die Theke ist zugleich Essplatz und dient als zusätzliche Ablage für Gewürze. Wegen der beinahe durchgehenden Fensterreihe ist der gesamte Raum mit Licht durchflutet, was zum Wohlfühlen beiträgt.

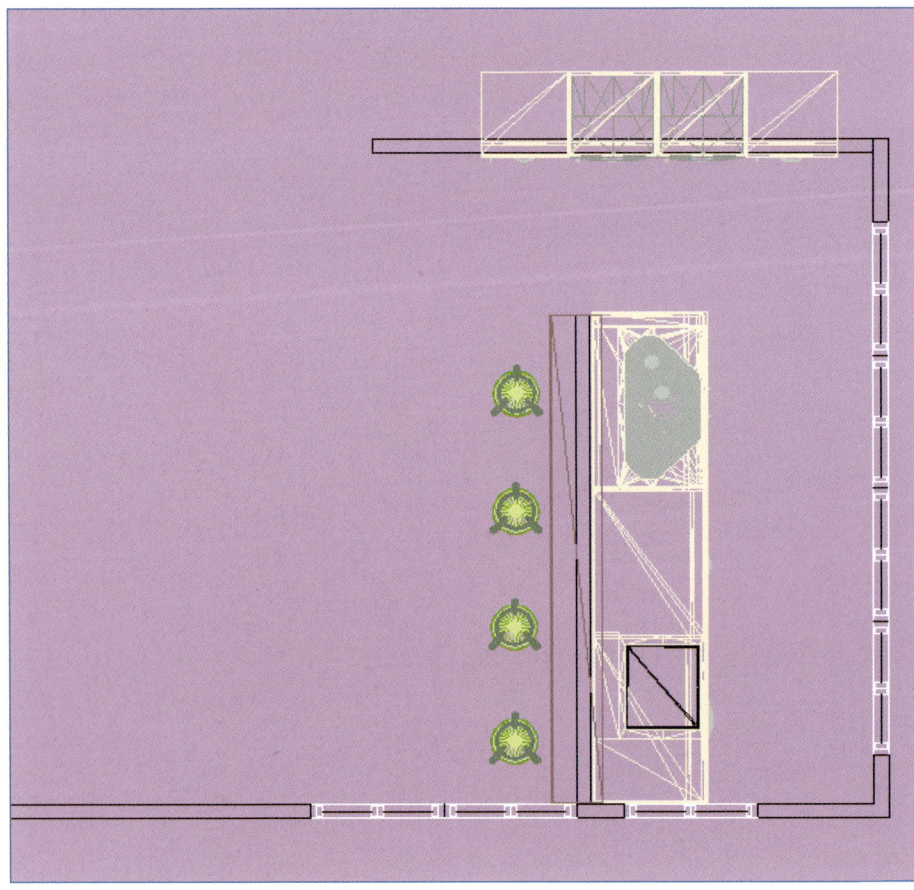

Abb. 5.26 – Küchenplan 10

**Abb. 5.27** – Der freistehende Hauptbereich lässt kaum den Gedanken an eine klassische Küche aufkommen. Fast alle Schränke und Elektrogeräte sind in der Wand versenkt eingebaut.

**Abb. 5.28** – Durch die lange Theke und die Hocker wirkt die Küche wie eine Bar.

# Plan 11: Kleinküche in U-Form

Kleine Räume haben den Nachteil, dass eingebaute Küchen nicht so geräumig wirken, als wenn sie in einer Nische eingebaut sind, die zumindest zu einer Seite offen ist. Der Raum nach Küchenplan 11 erlaubt allerdings auf 9 m², eine Küche in U-Form mit ungleich langen Schenkeln aufzubauen, um den Platz optimal zu nutzen (Abb. 5.29). Der Hauptarbeitsbereich ist rund um das zentral eingebaute Kochfeld eingeplant. Zu beiden Seiten haben Sie genügend Arbeits- und Stellfläche. Neben der linken Arbeitsfläche steht ein unterschiedlich hoher Schrankblock, in dem neben reichlich Stauraum auch der Kühlschrank, der Backofen und die Mikrowelle eingebaut sind. Daneben folgt ein mannshohes Regal, das den Raum auflockert und reichlich Ablagefläche für die Kochbibliothek sowie Zier- und Gebrauchsgegenstände liefert. Das Regal ist nicht ganz so tief wie der Schrankblock, um die Küchentür problemlos öffnen zu können. Auch unterschiedlich hohe Hängeschränke mit Vorderseiten aus verschiedenen Materialien lockern den Raum auf. Neben Schränken mit stabilen Holztüren sind auch einzelne mit Glastüren, ein Rollladen und einige Regale aufgebaut. Nur im Bereich der Spüle direkt unter dem Fenster mussten die Planer auf Hängeschränke verzichten. Angesichts der kurzen Wege im Raum macht es aber nichts aus, das Geschirr quasi um die Ecke herum einzuräumen. Neben dem Arbeitsbereich hat die Küche einen Essbereich mit Tisch und zwei Stühlen.

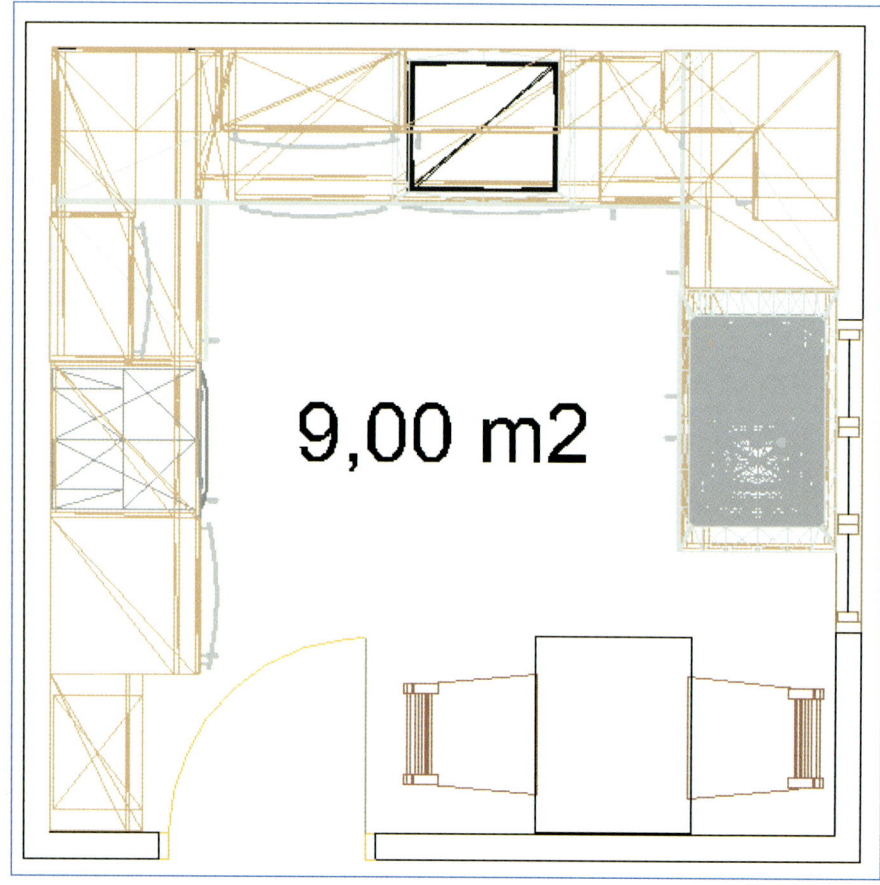

Abb. 5.29 – Küchenplan 11

**Abb. 5.30** – Trotz des kleinen Raums hat man Platz für einen Esstisch für zwei Personen.

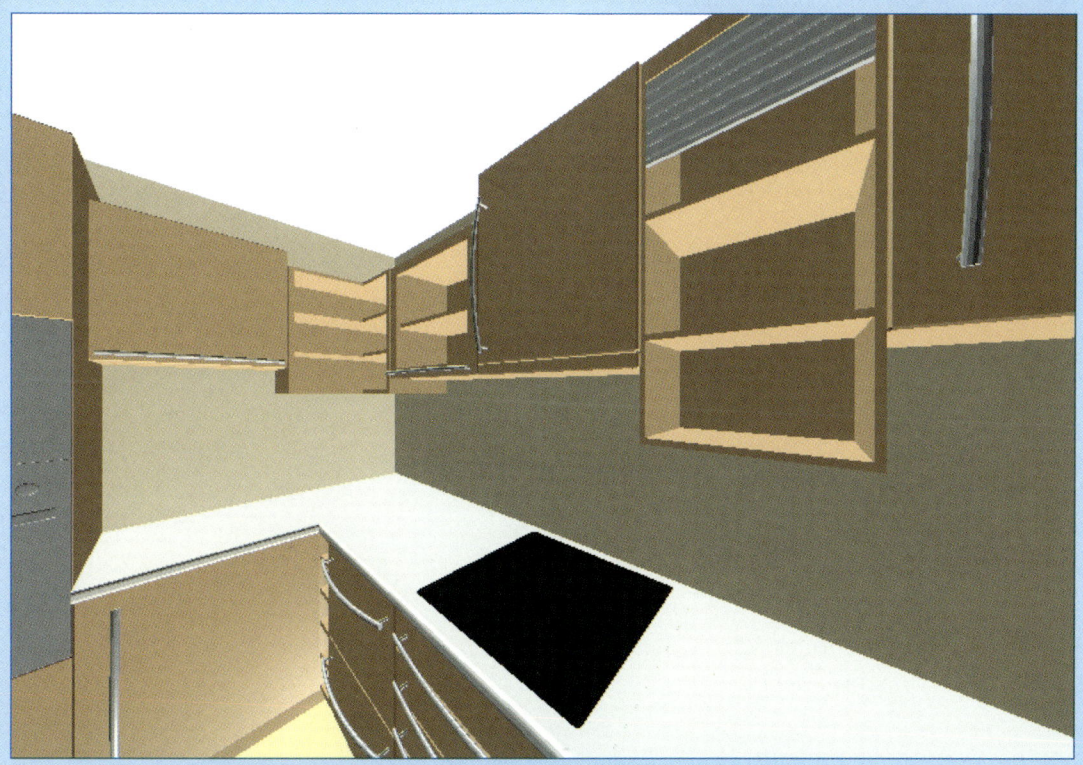

**Abb. 5.31** – Verschiedene hohe Wandschränke lockern die Küche auf.

# Plan 12: Elegante Kücheninseln

Diese moderne, rund 22 m² große Küche in einem geräumigen Wohnzimmer fällt vor allem durch in die Wand eingebauten Schränke und einen unüblich aufgebauten Arbeitsbereich auf. Klassische Wand- und Hängeschränke sucht man vergebens. Der Arbeitsbereich teilt sich auf drei Inseln auf. Die Kochinsel ist an der Wand aufgebaut und lässt viel Platz für Kocharbeiten. In den geräumigen Unterbauschränken können Sie Töpfe und andere Kochutensilien verstauen. Die über der Arbeitsplatte in die Wand eingelassenen Hängeschränke schließen bündig und formschön mit der Wand ab. Damit auch kleine Personen sie problemlos erreichen, sind die Schränke nur knapp über der Arbeitsplatte eingebaut. Damit die Hängeschränke die Kocharbeiten nicht behindern, sind für die Türen Rollladensysteme oder nach oben zu öffnende Kippelemente einzuplanen.

Die zweite, im Raum stehende Arbeitsinsel besticht durch ihre mehr als großzügig bemessene Arbeitsplatte, in der auch Spüle und Geschirrspüler eingebaut sind. Die Nähe zum Kochfeld ermöglicht, die fertigen Speisen bequem auf der großen Arbeitsplatte abzustellen. Von dort ist es nur noch ein kurzer Weg zum Esstisch, von dem Sie das schmutzige Geschirr auch schnell wieder zur Spüle und zum Geschirrspüler tragen können.

Die dritte Kücheninsel ist auf den ersten Blick kaum erkennbar und beherbergt Kühlschrank und Backofen, die in die Wand versenkt eingebaut sind. In einigen Schubladen können Sie außerdem diverse Gegenstände verstauen.

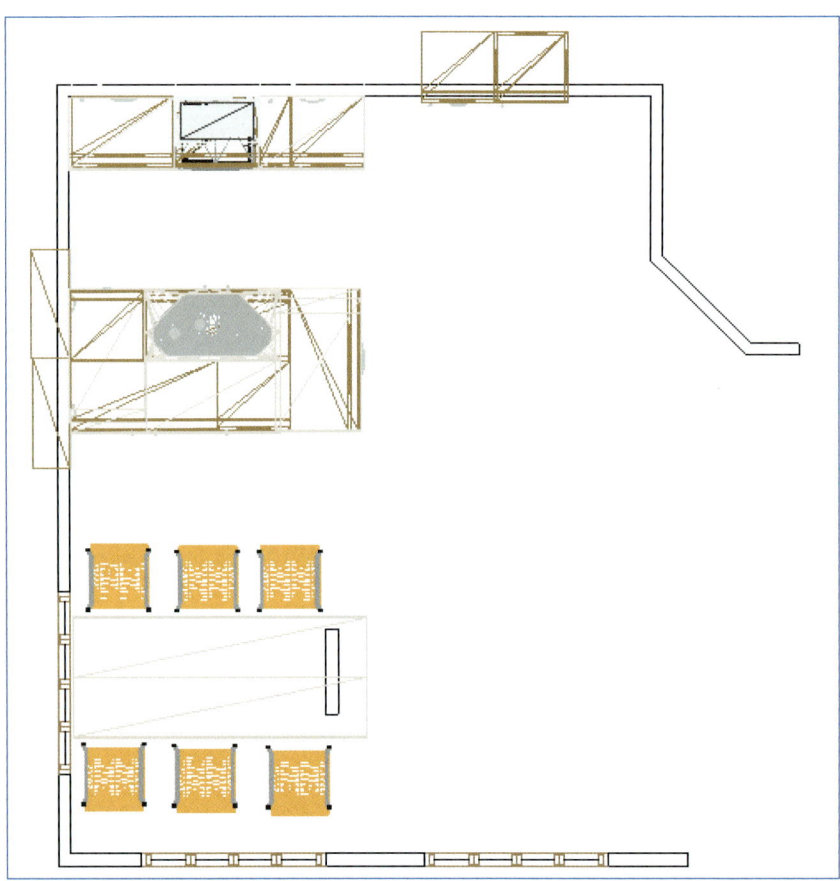

Abb. 5.32 – Küchenplan 12

**Abb. 5.33** – Der Arbeitsbereich ist auf zwei Inseln aufgeteilt. Die eingebauten Schränke schließen bündig mit der Wand ab.

**Abb. 5.34** – Komplett geplante Küche mit großem Esstisch und Stühlen.

**Abb. 5.35** – Die beiden Arbeitsinseln mit in die Wand eingelassenen Schränken fertig aufgebaut.

# Plan 13: T-förmige Küche mit separater Schrankreihe

In der klassisch aufgebauten, knapp 16 m² großen Küche nach Plan 13 sorgt hellbraunes Birkenholz für eine angenehme Atmosphäre. Als Kontrast zu den weißen Wänden fiel die Wahl auf eine dunkle, fast schwarze Naturstein-Arbeitsplatte aus Quarz. Die vor allem einzeilige Küche haben die Küchenplaner durch eine angrenzende, quer in den Raum stehende Arbeitsinsel erweitert, sodass sich eine T-Form ergibt. Diese trägt das Kochfeld und liefert reichlich Arbeitsfläche, beispielsweise um den Teig für das Weihnachtsgebäck auszubreiten. Kühlschrank, Backofen und Mikrowelle sind in halbhohe Schränke, die das Zimmer offen und frei wirken lassen, an der gegenüberliegenden Wand eingebaut. Die Küche liefert reichlich Stauraum: Neben der Hauptzeile, die zahlreiche Wand- und Unterbauschränke beherbergt, hat die Koch-Halbinsel weitere Schubladen auf beiden Seiten. Hinzu kommen Vorratsschränke und Schubladen an der gegenüberliegenden Wand bei Kühlschrank und Co.

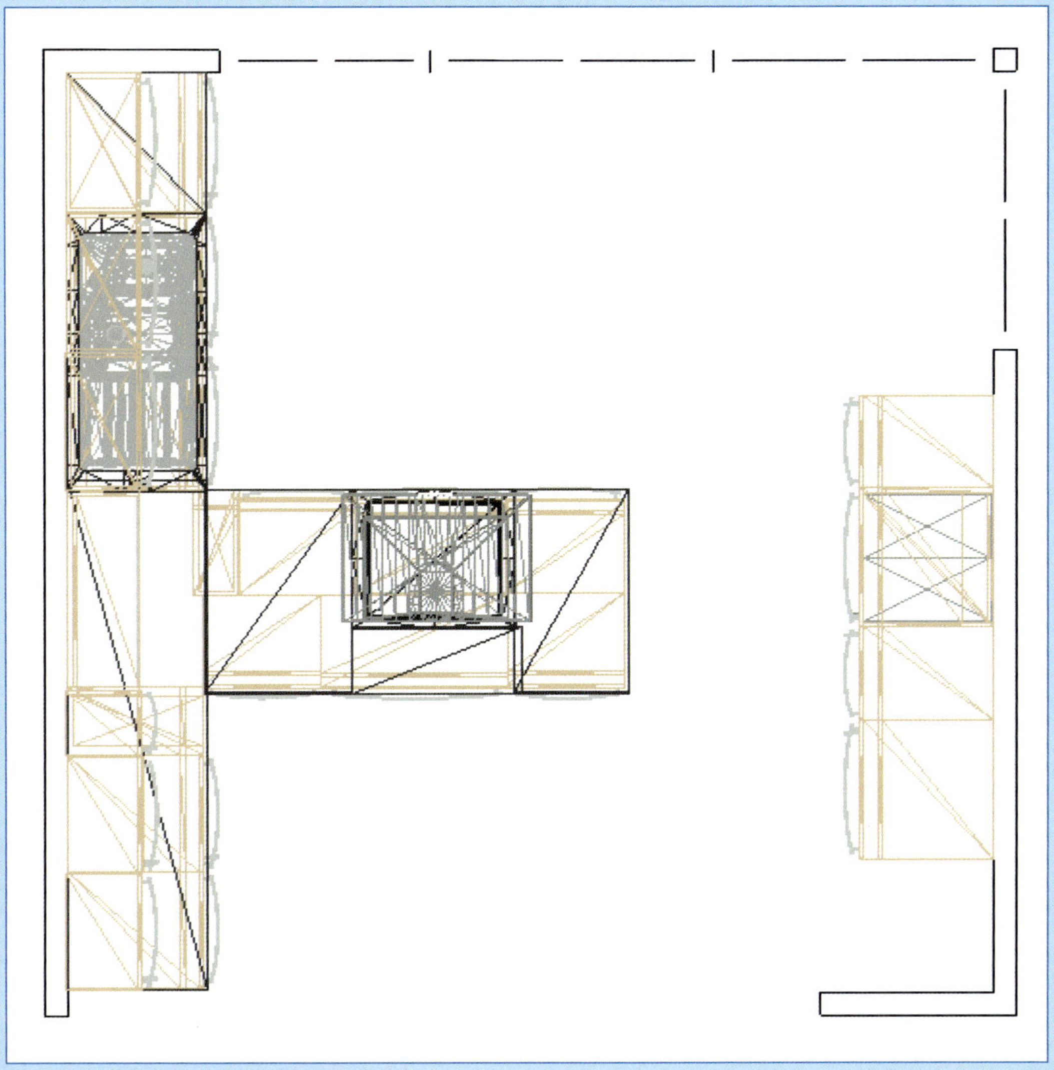

**Abb. 5.36 –**
Küchenplan 13

**Abb. 5.37 –** Die in den Raum ragende halbe Arbeitsinsel mit Kochstelle lockert die lange Küchenzeile auf.

# Plan 14: Drei Kücheninseln mit kurzen Wegen

Dieser Plan eignet sich, um eine moderne oder traditionelle Küche in einem großen Raum mit einer Fläche von rund 17 m² bis rund 30 m² aufzubauen. Die hellen Farben kommen für Zimmer infrage, in die vor allem im Winter nur wenig Licht dringt. Der in Vanille gehaltene Fußboden und die birkenholzfarbene Arbeitsplatte schaffen eine angenehm warme Atmosphäre. Die Küche besteht aus drei Inselbereichen mit abgegrenzten Funktionen. Die zentrale Arbeitsinsel in der Mitte des Raums beherbergt das Kochfeld und zwei etwas höhere Unterbauschränke mit viel Stauraum. Gerade nicht benötigte Töpfe und Pfannen können Sie auf den erhöhten Oberflächen der Unterschränke abstellen und so weitgehend vor Spritzern beim Kochen und Braten schützen. Die Arbeitsplatte ist hinter dem Kochfeld verbreitert und geht in den Esstisch über, an dem drei Personen Platz haben. Das vereinfacht das Servieren der Speisen und fördert die Kommunikation in der Küche.

Die beiden seitlichen Kücheninseln fallen durch halbhohe Wandschränke auf. Das Zentrum bildet die Spüle mit angrenzender Arbeitsfläche und Unterbauschränken. Die Arbeitsplatten reichen auf beiden Seiten bis an die rund 1,50 m hohen Küchenschränke heran, in denen Backofen und Mikrowelle eingebaut sind. Die

Abb. 5.38 – Küchenplan 14

Abb. 5.39 – Kochinsel und Esstisch bilden eine Einheit.

Spülmaschine ist in einem Unterbauschrank integriert. Der Kühlschrank ist auf der anderen seitlichen Kücheninsel in einen Wandschrank eingebaut (Abb. 5.39). Daneben stehen Apothekerschränke, in denen Sie Lebensmittel aller Art lagern können.

Abb. 5.40 – Die drei Kücheninseln sind so aufgebaut, dass sie effizientes Arbeiten ermöglichen.

# Plan 15: Platzsparende Küche für großen Aufenthaltsraum

Die etwas U-förmige Küche ist in einen großen Wohn- und Aufenthalts-Raum integriert. Sie beansprucht rund 15 m² und lässt sich so bequem in mittelgroße Küchenräume einbauen. Neben grünen Schränken verwenden die Küchenplaner eine hellbeige Arbeitsplatte, die aus Naturstein gefertigt ist. Ins Auge fällt außerdem die lange Arbeitsplatte, die auf der linken Seite in einen Esstisch für bis zu vier Personen übergeht (Abb. 5.42). Die Mitte beherbergt das Kochfeld, das eine individuelle Note durch einen darüber montierten Designer-Dunstabzug erhält. Die Spüle ist in eine der beiden Ecken eingebaut. Hängeschränke mit Glastüren erlauben, das Service repräsentativ aufzubewahren. Je nach gewähltem Glasdekor kann man es gut oder nur angedeutet erkennen. In einem weiteren Hängeschrank mit Jalousien können Sie gerade nicht benötigte Kleinküchengeräte lagern.

In einem von der Arbeitsplatte abgesetzten Einbauschrank, der bündig mit der Wand abschließt, sind Backofen, Mikrowelle und Kühlschrank untergebracht (Abb. 5.43). Der Einbauschrank beherbergt weitere Schränke, Schubladen und einen großen Apothekerschrank, in denen man allerlei Dinge verstauen kann.

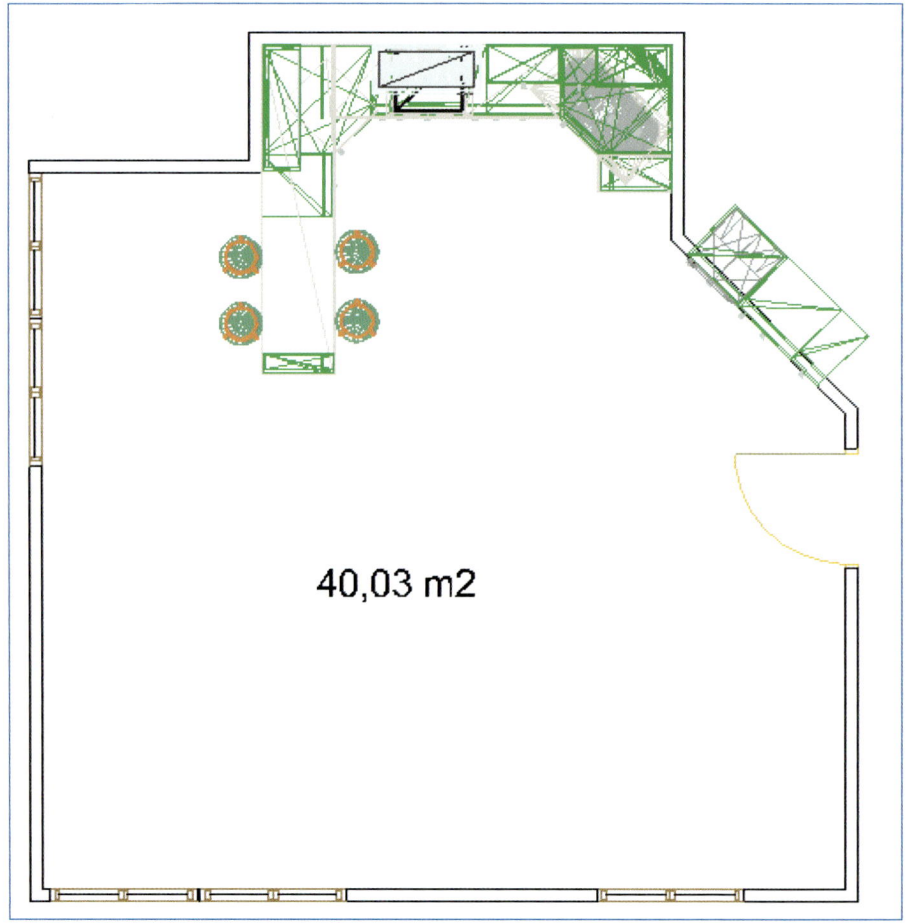

Abb. 5.41 – Plan 15: In einem 40 m² großen Raum lässt diese Küche ausreichend Platz für eine gemütliche Wohnungseinrichtung.

**Abb. 5.42** – Die verlängerte Arbeitsplatte auf der linken Seite lädt als Esstisch zum Plaudern und Verweilen ein.

**Abb. 5.43** – Zur etwas U-förmigen Küche gehört auf der rechten Seite ein Einbauschrank, der bündig mit der Wand abschließt.

# Plan 16: Große Arbeitsinsel in L-Form

Diese unkonventionelle Küche in einem großen Wohnraum gliedert sich in drei Kücheninseln und misst rund 25 m². In der Insel an der Wand sind Spüle und zahlreiche Unterbau- sowie Hängeschränke montiert. Da die Unterschränke zwischen 60 cm und knapp 80 cm tief sind, ist auch die Arbeitsplatte unterschiedlich tief (Abb. 5.45). Das Kochfeld ist auf eine L-förmige Arbeitsinsel ausgelagert, die auf einer Seite in einen Esstisch für mehrere Personen übergeht. In den Unterbauschränken lagert das Kochgeschirr. Die Unterschränke des zweiten Schenkels der Arbeitsinsel zeigen in den Raum und sind als Stauraum für Gegenstände gedacht, die Sie zum Decken des Esstisches benötigen. Kühlschrank, Backofen und Mikrowelle beherbergt eine separate Schrankreihe, die in der Mitte 90 cm und an den Rändern 1,50 m hoch ist und vor Fenstern steht. Da sich diese Fenster laut Planung nicht öffnen lassen, ist dieser Aufbau machbar. Sie sollten aber daran denken, dass die Rückwände der Schränke zum Teil von außen zu sehen sind, und sie deshalb ansprechend gestalten. Infrage kommt eine farblich abgestimmte Verkleidung. Um Kontraste zu erzeugen, haben die Planer die Wände rot gestrichen und für den Fußboden einen mittleren, nicht zu dunklen Blauton gewählt. Dadurch fällt auch die dunkelbraune Arbeitsplatte ins Auge.

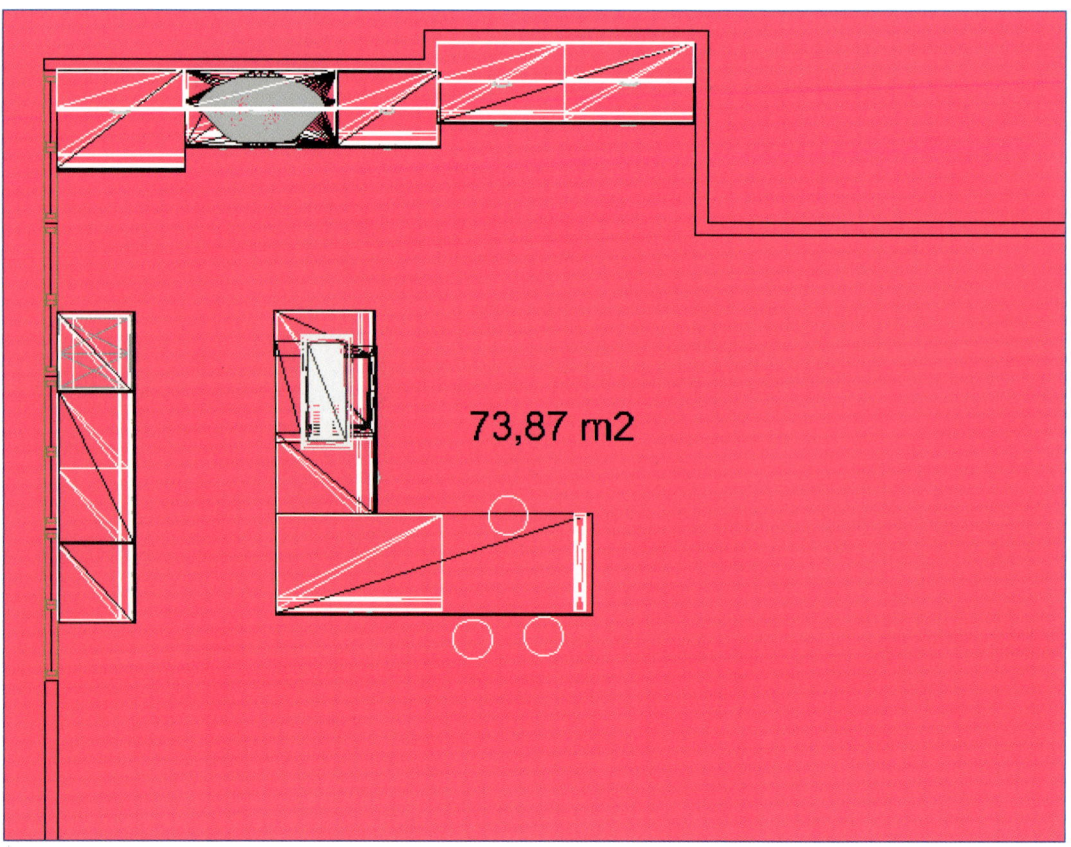

Abb. 5.44 – Küchenplan 16 mit L-förmiger Arbeitsinsel.

Abb. 5.45 – Schlichte zeitlose Linien dominieren diese dreiteilige Küche.

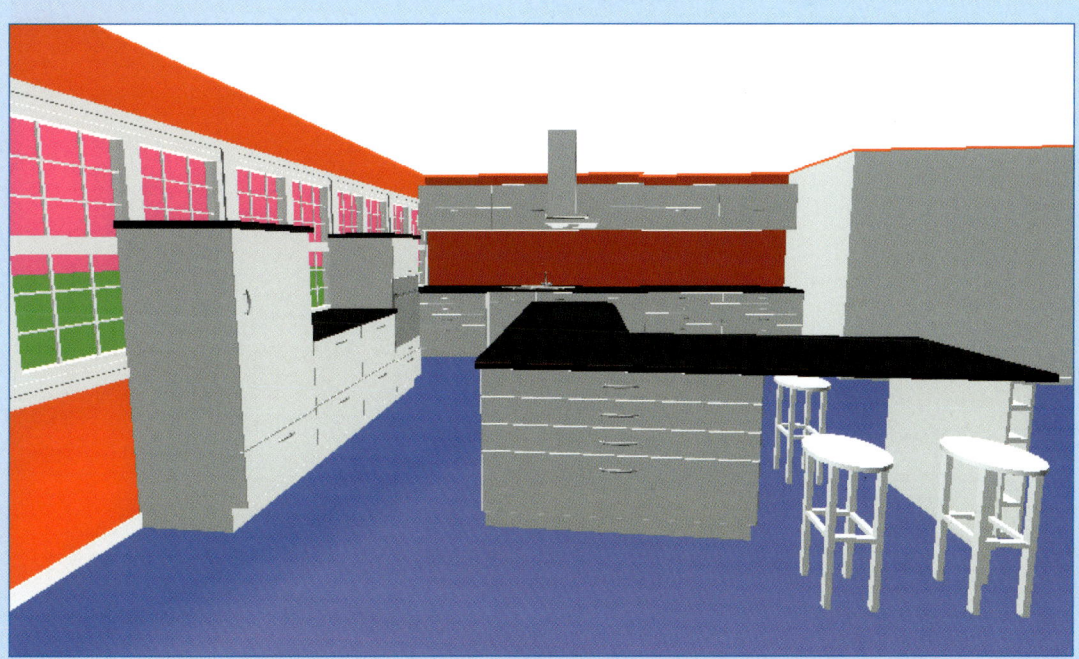
Abb. 5.46 – Eine Küchenzeile sollte man nur in Ausnahmefällen vor den Fenstern aufstellen (links im Bild).

# Plan 17: Küche für große Familien

Küche 17 ist mit rund 27 m² Aufbaufläche für geräumige Wohnungen und Häuser mit genügend Platz sowie für eine große Familie gedacht. Der Plan basiert auf einer L-förmigen Küchenzeile, die um eine Arbeitsinsel und eine Schrankreihe an der gegenüberliegenden Seite erweitert wurde. In 2,1 m hohe, in die Wand eingelassene Schränke auf der linken Seite sind Geschirrspüler, Kühlschrank und Backofen eingebaut. Mehrere Schubladen und Fächer liefern großzügigen Stauraum. Die angrenzende Küchenzeile in einer 60 cm tiefen Nische beherbergt die Spüle, vanillefarbene Unterschränke mit viel Stauraum und schließt bündig mit den Wandschränken ab. Das Kochfeld ist im kurzen Schenkel eingebaut und wird durch einen Designer-Dunstabzug zum Blickfang. Die gegenüberliegende Wand auf der rechten Seite beherbergt eine 2,1 m hohe und 2,4 m breite Schrankzeile mit Schubladen und Fächern für reichlich Stauraum (Abb. 5.49). Mitten in der Küche ist eine Insel mit zwei Unterbauschränken eingeplant. Da die beiden Schubladenschränke versetzt zueinander stehen, bleibt genug Platz für je einen Stuhl an beiden Enden der Arbeitsplatte. Dadurch können beispielsweise Kinder in der Küche ihre Hausaufgaben machen, während die Eltern das Abendbrot zubereiten.

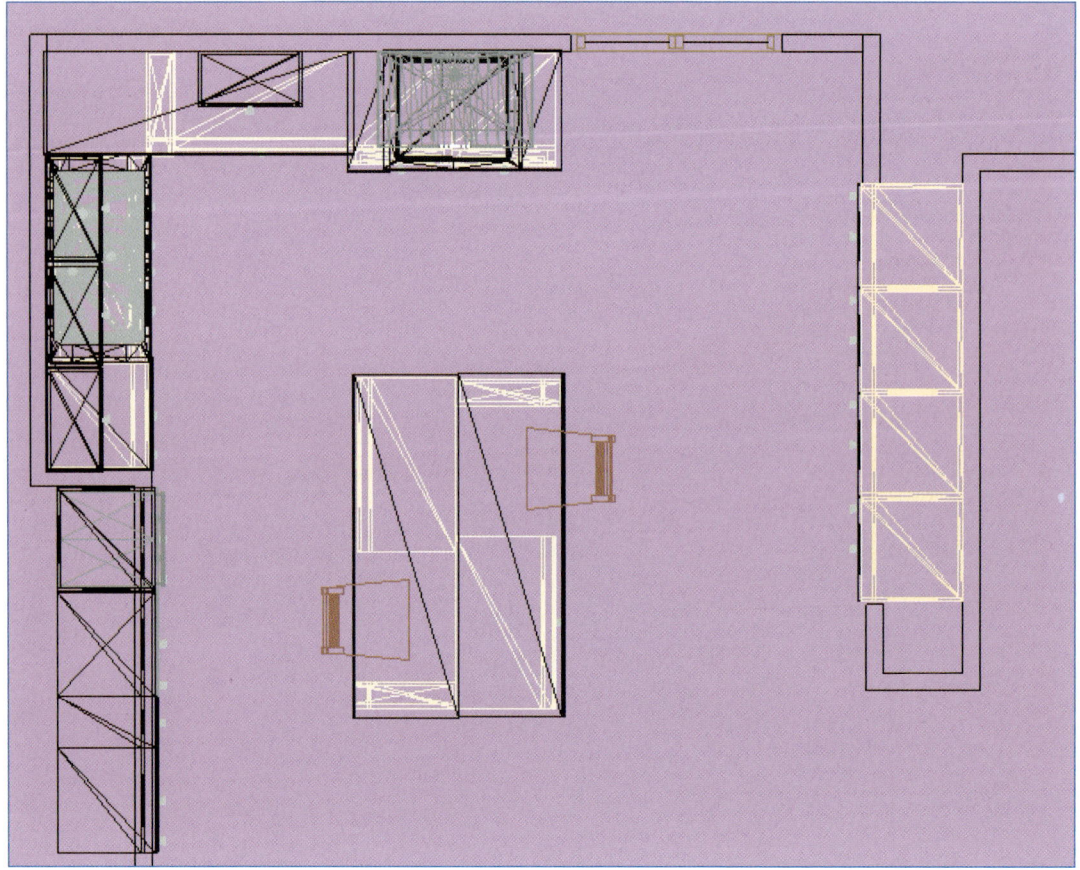

Abb. 5.47 – Küchenplan 17

**Abb. 5.48** – Die hellen Unterbauschränke und die hohen schwarzen Schränke sorgen für Kontraste.

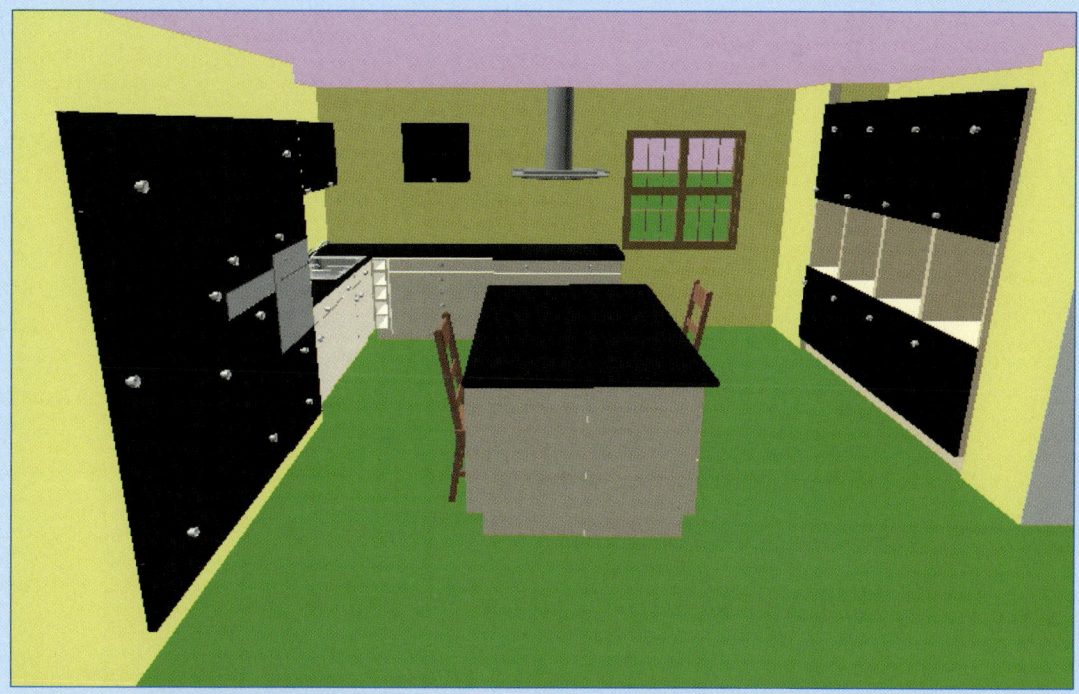

**Abb. 5.49** – Die Schränke in der rechten Wand liefern ungewöhnlich viel Stauraum.

# Plan 18: T-förmige Arbeitsinsel für große Räume

Große Räume ermöglichen es, eine Küche besonders einzurichten – geschehen mit diesem Plan, der eine Aufbaufläche von rund 56 m² benötigt. Fast die gesamte Küche ist auf einer Arbeitsinsel untergebracht. Diese unterscheidet sich von anderen Insellösungen durch ihre T-Form und einer in der Mitte aufgebauten Wand, an der Hänge- und Unterschränke montiert sind. Spüle und Kochstelle sind auf einer Seite der Arbeitsinsel eingebaut, an der in Unterbauschränken außerdem reichlich Stauraum für Geschirr und Lebensmittel bereitsteht (Abb. 5.52). Der Schenkel, in dem die Spüle eingebaut ist, mündet in einen großen Bartresen, den man von zwei Seiten erreicht (Abb. 5.51). Kühlschrank, Mikrowelle, Backofen und ein geräumiger Schrank sind von der Insel etwas abgesetzt in die Wand eingebaut (Abb. 5.52 rechte Seite). Nutzen Sie die Mikrowelle häufiger, können Sie sie auch im Kochbereich an der freistehenden Wand neben den Hängeschränken aufbauen. Obwohl die Küche groß wirkt, sind alle Geräte und die übrigen Küchenutensilien schnell griffbereit – vorausgesetzt, Sie haben die Schränke passend eingeräumt. Häufig genutzte Utensilien sollte man im Bereich der Kochstelle lagern, weniger oft genutzte in den übrigen Schränken. Um der Küche einen farblichen Kontrast zu geben, haben die Planer die freistehende Wand der Arbeitsinsel in Rot und die Wand mit der Schrankzeile in Schwarz eingefärbt.

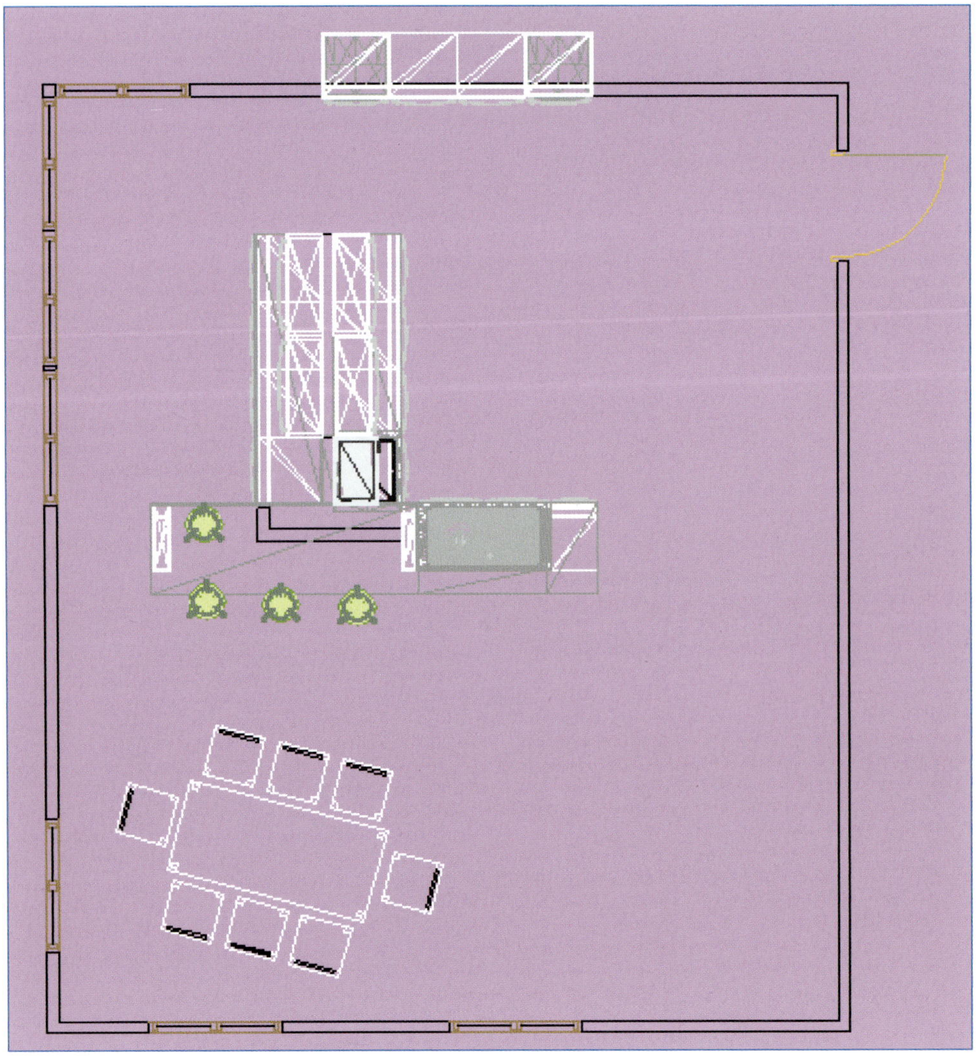

Abb. 5.50 – Küchenplan 18

Abb. 5.51 – Die T-förmige Kücheninsel ist durch eine bis zur Decke reichende Wand in zwei Arbeitsbereiche unterteilt.

Abb. 5.52 – Der Hauptarbeitsbereich ist auf einer Seite der Kücheninsel mit Kochbereich und Spüle konzentriert. In die Wand auf der rechten Seite sind Kühlschrank und Backofen eingebaut.

# Plan 19: Familienfreundliche Wohnküche

Dieser Plan eignet sich hervorragend für typische Wohnküchen. Bei der klassischen Küche in L-Form verläuft die Arbeitsplatte über beide Schenkel. Der eine Schenkel beherbergt das Kochfeld und die großen Elektrogeräte, der andere die Spüle (Abb. 5.55). Der Grundriss erlaubte den Planern, die Arbeitsplatte dieses Schenkels etwas in den Raum zu verlängern und eine Sitzgelegenheit für bis zwei Personen einzurichten (Abb. 5.54). Neben dem geräumigen Küchenblock steht ein großzügiger Esstisch, an dem selbst größere Familien sowie Besucherinnen und Besucher bequem Platz haben. Von den braunen Schränken hebt sich die helle Arbeitsplatte aus Naturstein ab. Alternativ kommt eine preiswertere und leichter einzubauende Schichtstoffplatte infrage, die der Fachhandel in zahlreichen Holzdekors, aber mit nachgebildeten Natursteinen führt (vgl. Kapitel 1.10). Hängeschränke sind nur an einer Wand montiert, die zweite haben die Planer für ein Bild frei gelassen.

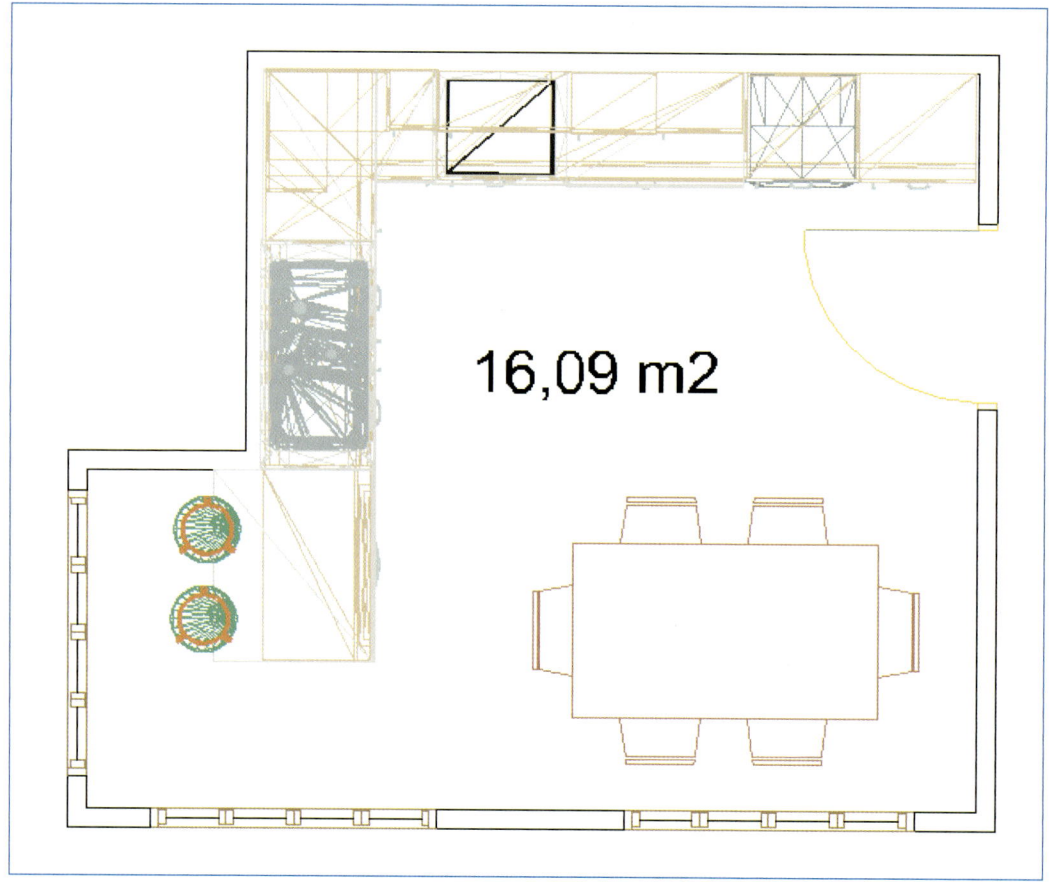

Abb. 5.53 – Küchenplan 19

Abb. 5.54 – Diese Küche prägen zeitlose, nicht zu dunkle Brauntöne.

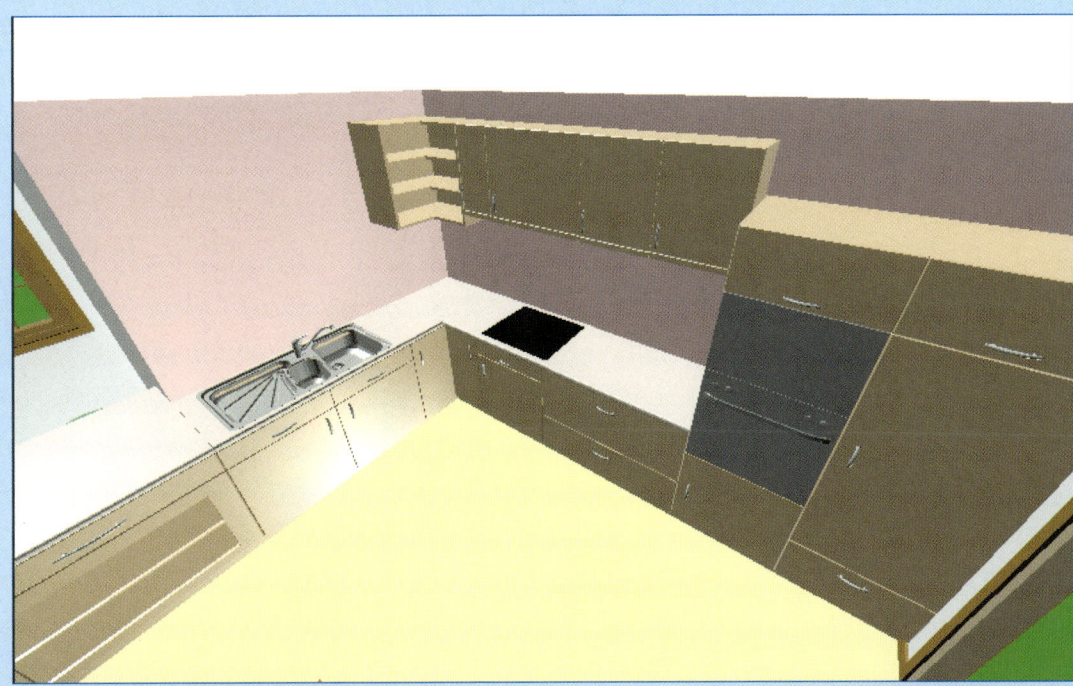

Abb. 5.55 – Koch- und Spülbereich sind klar getrennt. Der Geschirrspüler ist unsichtbar unter der Spüle eingebaut.

# Plan 20: U-förmige Miniküche für kleine Singlewohnung

Küchen müssen sich in kleinen Single-Wohnungen mitunter auf engstem Raum unterbringen lassen. Dieses Problem haben die Planer mit einer U-förmigen Küche auf nur 5,2 m² gelöst. An einer Seite sind wandhohe Schränke aufgebaut, in denen alle Küchengeräte untergebracht sind: Mikrowelle, Backofen, Kühlschrank und Geschirrspüler (Abb. 5.58 rechte Seite). Außerdem können Sie in acht Fächern und Schubladen Geschirr und Lebensmittel verstauen. Erstaunlich viel Stauraum liefern auch die Unterbauschränke der Küchenzeile (Abb. 5.57). Um weiteren Stauraum zu gewinnen, haben sich die Küchenplaner für einen Einbau-Dunstabzug entschieden, den zu beiden Seiten hohe Hängeschränke mit Türen und Schubladen säumen. Die Spüle ist unter dem Fenster auf der anderen Seite der Arbeitsplatte eingebaut. Aufgrund des Fensters ist auf dieser Seite nur ein Hängeschrank montiert.

Durch den Aufbau der Küche sind die Wege zwischen den einzelnen Arbeitsbereichen extrem kurz. Den Planern ist es sogar gelungen, das „Goldene Dreieck" zwischen Kochfeld, Kühlschrank und Spüle einzuhalten (vgl. Kapitel 1.7). In Singlehaushalten sollte diese Küche, mit der Sie selbstverständlich auch sehr umfangreiche Menüs kochen können, deshalb nahezu alle Wünsche erfüllen. Nur ein Tisch mit Stühlen fehlt, den die Planer nur auf Kosten des wertvollen Stauraums hätten einbauen können.

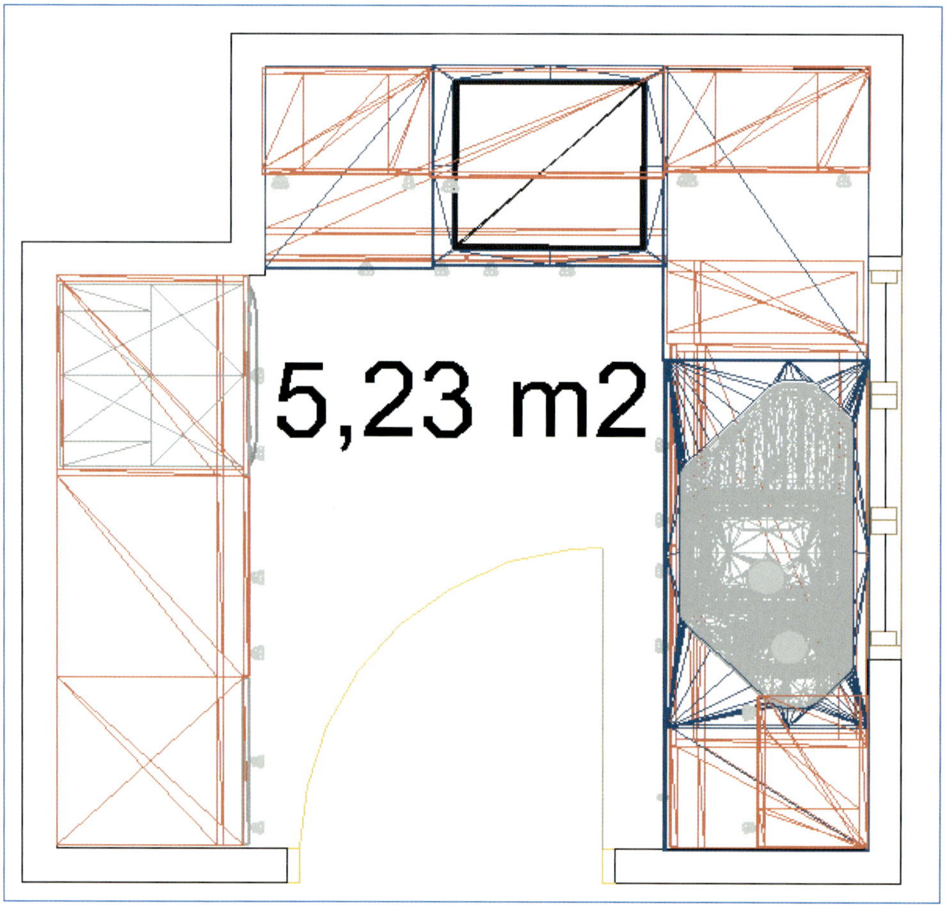

**Abb. 5.56** – Küchenplan 20

**Abb. 5.57** – Die vielen Schränke dieser kleinen Singleküche liefern ausreichend Stauraum.

**Abb. 5.58** – Die deckenhohen Schränke beherbergen alle Küchengeräte.

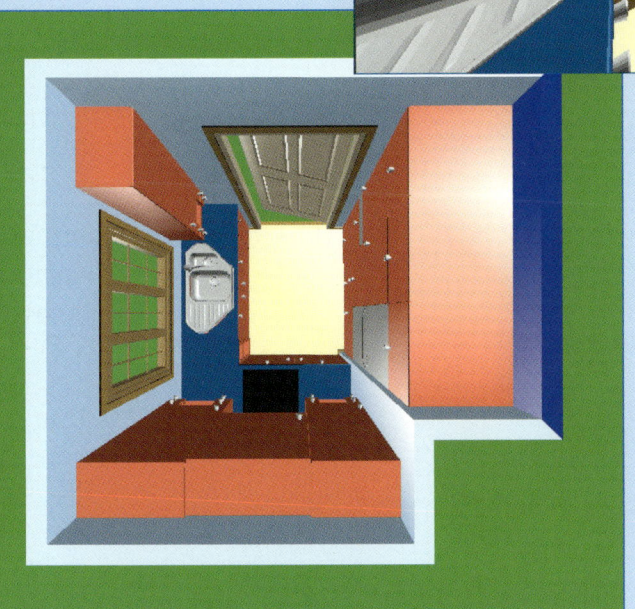

**Abb. 5.59** – Küche der kurzen Wege: Einfach umdrehen reicht, und Sie gelangen von der Spüle zum Kochbereich oder zu den Küchengeräten in den Wandschränken (rechte Seite).

# Plan 21: Freistehende Küche für große Räume

Spielt Platz keine Rolle, kommt diese Küche infrage, die rund 45 m² Aufbaufläche benötigt (Abb. 5.60). Im Planungsbeispiel ist sie in einem 90 m² großen Wohnzimmer untergebracht. Die Küche steht mitten im Raum und setzt sich aus drei kleinen Inseln zusammen, die dem U-Grundriss nahe kommen. Das sanfte Wiesengrün der Schränke sorgt für eine entspannte Atmosphäre und zusammen mit dem dezenten Grau der Seitenwände für Abwechslung. Die freistehende Küche ist von jeder Seite ungehindert erreichbar. Egal, ob man von vorne, hinten, von links oder rechts kommt, der direkte Zugang ist stets gewahrt. Die drei Kücheninseln gliedern sich in Funktionsbereiche. In die halbhohen Schränke auf der rechten Seite sind Küchengeräte eingebaut (Abb. 5.61). Sie können dort außerdem Geschirr und Lebensmittel aufbewahren. Um mit dieser Schrankzeile keine künstliche Wand zu erzeugen, haben die Planer nur 1,5 m hohe Schränke eingeplant. So behält man den Überblick über den gesamten Raum. Die Kücheninsel in der Mitte mit einer 80 cm tiefen Arbeitsplatte beherbergt das Kochfeld mit reichlich Arbeits- und Stellfläche zu beiden Seiten. Spüle und Geschirrspüler sind auf der linken Seite in die dritte Arbeitsinsel eingebaut. Die vierte Kücheninsel hinter dem Kochfeld besteht aus einer klassischen Zeile mit Unterbau- und Hängeschränken.

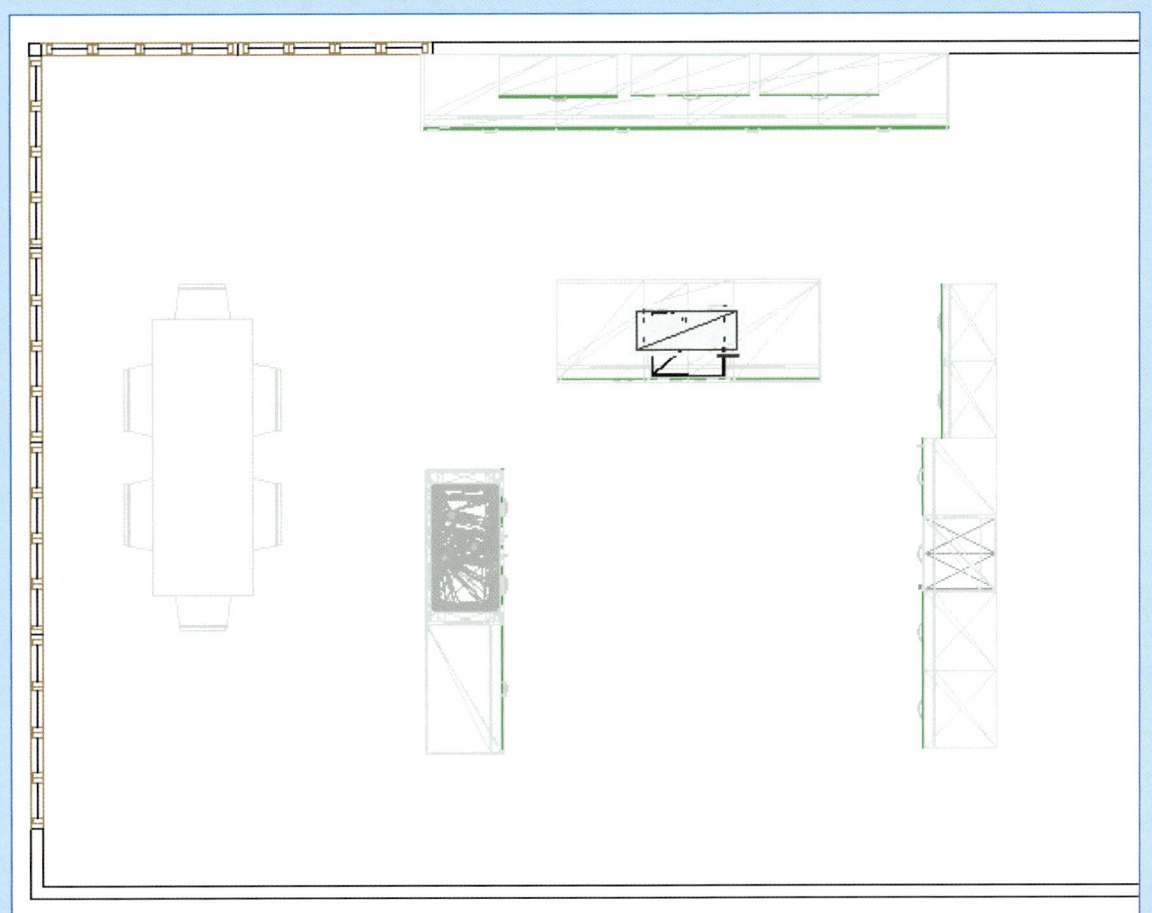

**Abb. 5.60** – Küchenplan 21

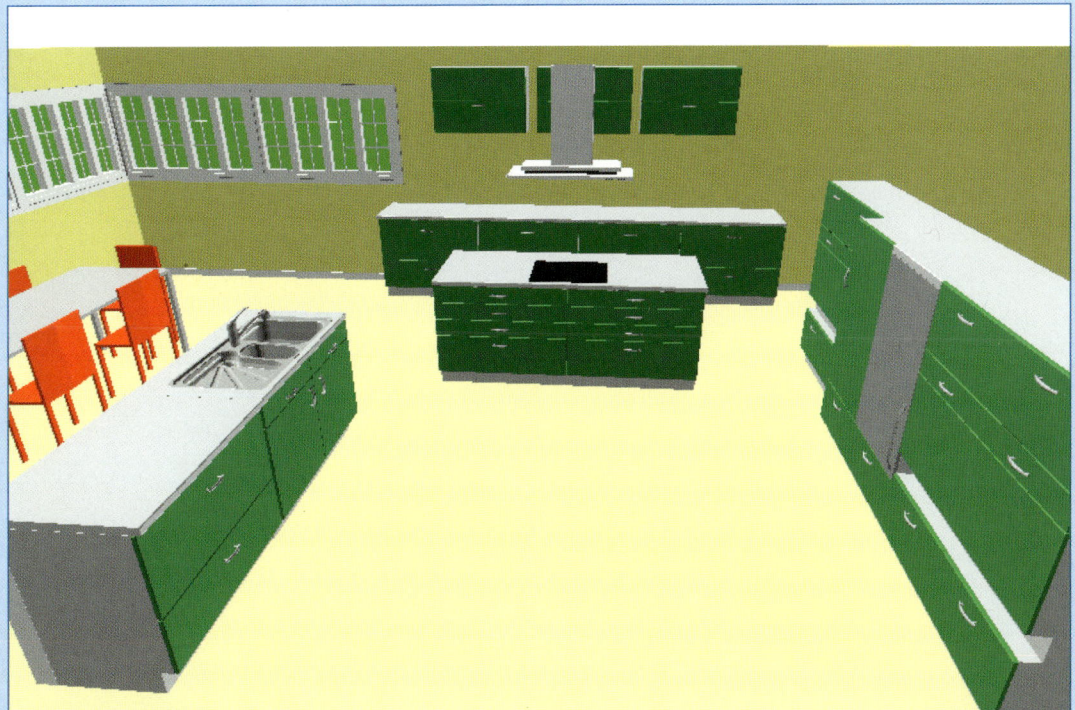

**Abb. 5.61** – In der Mitte dieser geräumigen Küche steht die Kochinsel.

151

# Plan 22: U-förmige Großküche mit Esszimmer

Dieser Großküche liegt ein etwas geänderter Küchenplan 21 zu Grunde. Sie ist für einen Raum von etwas mehr als 30 m² gedacht und vereint Küche und Esszimmer. Der L-förmige Grundriss ermöglicht, den Arbeitsbereich in einer rund 15 m² großen Nische einzubauen. In bis zu 2,26 m hohen Wandschränken und zwei Eckschränken können Sie alle erdenklichen Küchenutensilien verstauen (Abb. 5.63). Im Bereich des Esstisches stehen unter den Fenstern drei Unterbauschränke, die zusätzlichen Stauraum für nicht täglich genutzte Dinge liefern (Abb. 5.64).

Dieser Plan zeigt, wie sehr Sie eine Küche verändern können, wenn Sie den ursprünglichen Plan etwas ändern. Dazu reicht es mitunter, Schrankhöhen neu festzulegen und die Vorderseiten der Schränke anders einzufärben. Bevor man jedoch allzu freizügig mit dem Malen beginnt, sollte man Farben und Farbkombinationen wählen, die auch noch in zehn Jahren gefallen. Außerdem können dunkle Farben den Raum deutlich verdunkeln.

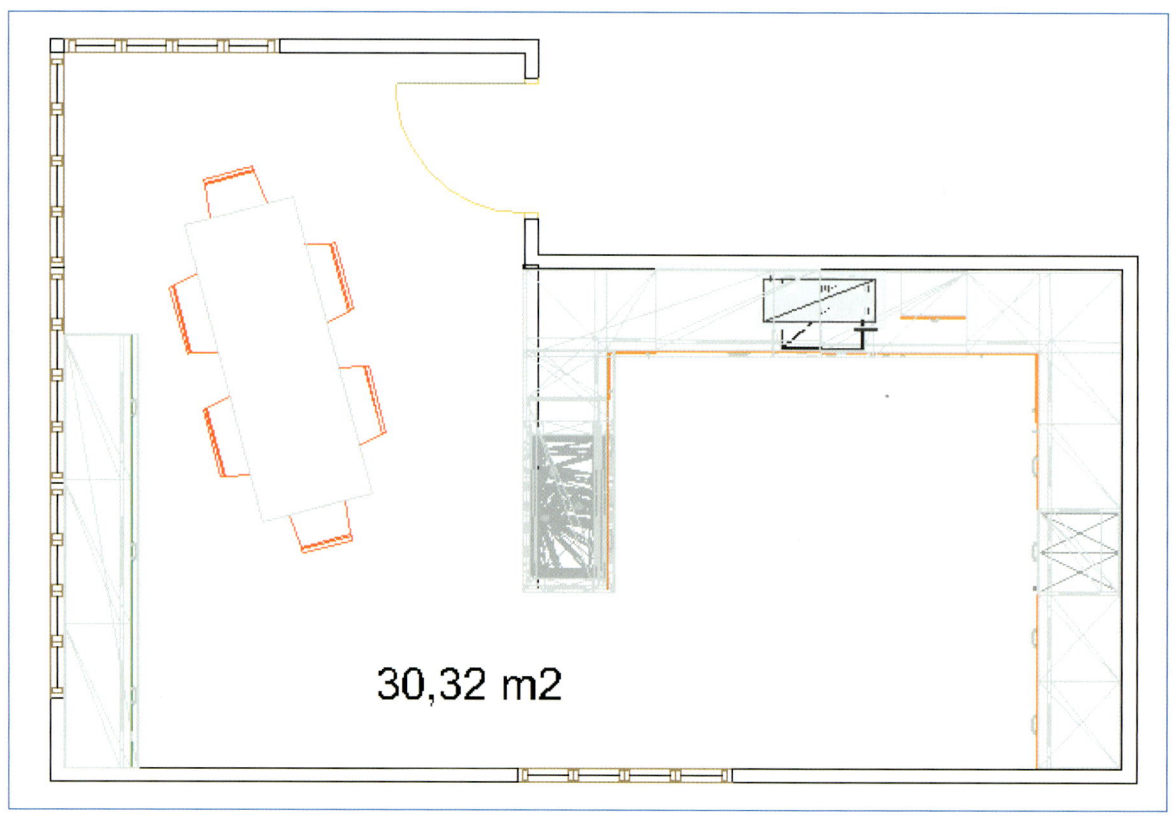

Abb. 5.62 – Küchenplan 22

Abb. 5.63 – Bei der U-förmigen Küche schiebt sich der Arbeitsbereich in die Mitte des Raums. Die hohen Wandschränke auf der rechten Seite beherbergen Küchengeräte sowie reichlich Geschirr und Lebensmittel.

Abb. 5.64 – In der Schrankreihe am Fenster kann man Tafelsilber und Kochutensilien verstauen, die man nicht täglich braucht.

# Plan 23: Die unsichtbare Küche im Wohnzimmer

Diese Küche braucht kaum Platz und lässt sich hinter zwei Schiebetüren unsichtbar im Wohnzimmer verstecken, das im Plan 45 m² misst. Die Küche haben die Planer in zwei rund 75 cm tiefe Nischen eingebaut (Abb. 5.65), die bestens geeignet sind, um Küchenschränke und -Geräte mit der Normtiefe von 60 cm einzubauen. Die längere Nische misst 3,6 m und beherbergt Kochfeld, Spüle und Geschirrspüler (Abb. 5.66). Sie liefert ausreichend Arbeitsfläche zum Kochen und ausreichend Stellfläche für Töpfe und Pfannen aller Art. Viel Stauraum können Sie in mehreren Unterbauschränken und fünf Faltklappen-Hängekästen nutzen. Die zweite Küchennische ist mit 3,0 m etwas kürzer und beherbergt an den Rändern den Kühlschrank, den Backofen und die Mikrowelle in zwei hohen Schränken. In der Mitte dieser Küchenzeile ist eine 1,8 m lange Arbeitsplatte mit Unter- und Hängeschränken eingebaut, falls die Arbeitsfläche der ersten Küchenzeile nicht ausreicht.

Alternativ eignet sich diese Arbeitsplatte auch als Stellplatz für eine Kaffeemaschine. In einen kleinen Schrank mit Rollladen können Sie kleinere Elektrogeräte wie den Toaster stellen.

Interessant sind auch die Farben im Küchenbereich. Die schwarzen Nischen, die roten Schränke und die fast weißen Arbeitsplatten passen ausgezeichnet zusammen. Die übrigen Wände des Raums sind weiß gestrichen. Um in dieser Küche gut arbeiten zu können, sollte man auf eine gute Beleuchtung der Arbeitsplatten achten. Geeignet sind Spotsysteme, die Sie in kurzem Abstand unter den Hängeschränken einbauen. Für die Schiebetüren kommen verschiedene Systeme infrage. Sie können faltbare Türen oder Türen einbauen, die sich weitgehend in den angrenzenden Wänden in Schlitzen versenken lassen. Damit beschränkt sich der Platzbedarf der Beispielküche nach Plan 23 auf nicht einmal 5 m², sodass 40 m² zum Wohnen und für den Esstisch bereitstehen.

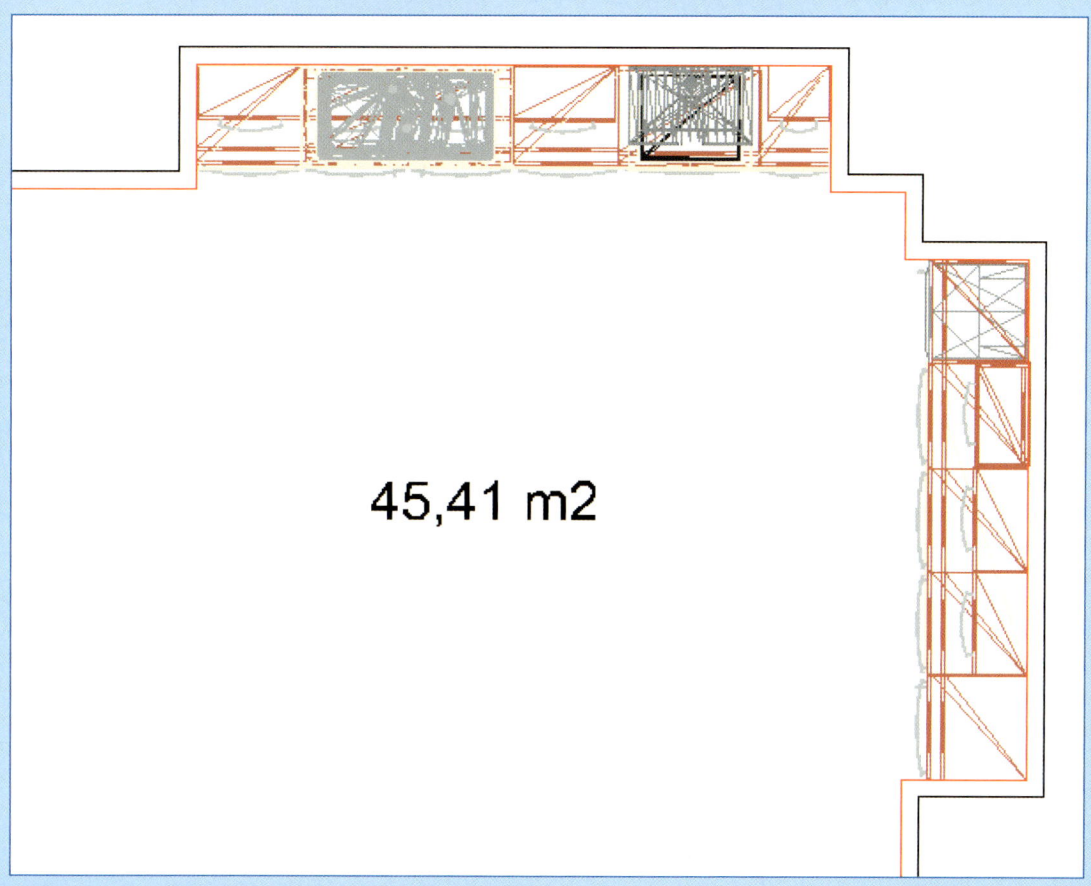

**Abb. 5.65** – Küchenplan 23

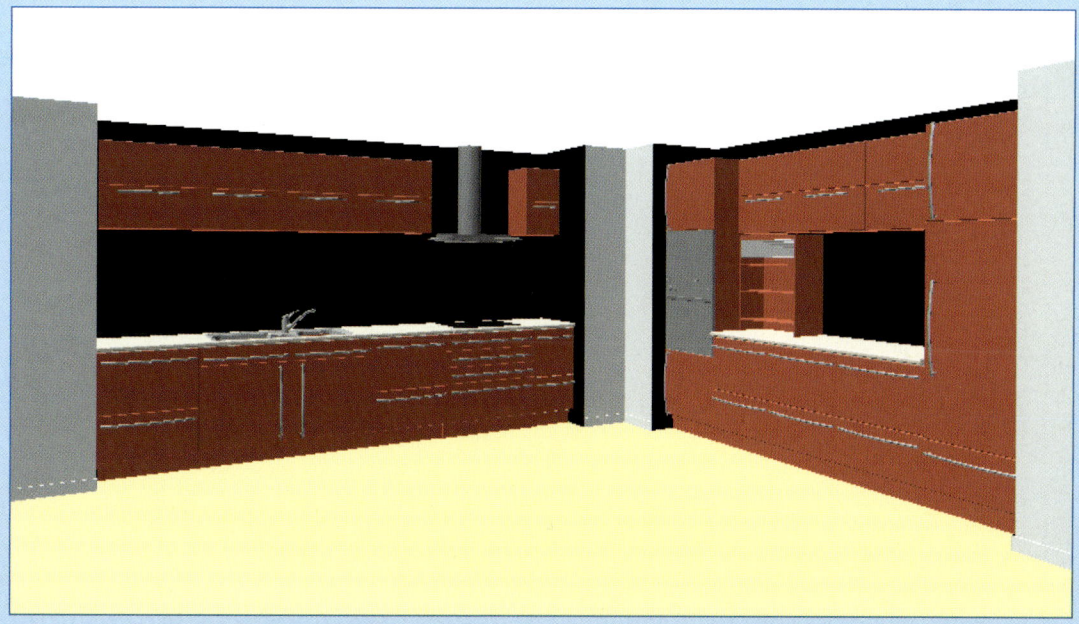

**Abb. 5.66** – Die beiden in Nischen eingebauten Küchenzeilen brauchen kaum Platz. Hinter Schiebetüren können Sie die Küche komplett verstecken.

# Plan 24: Küche für verwinkelte Räume

Auch in sehr verwinkelten Räumen können Sie eine funktionale Küche zum Wohlfühlen aufbauen. Ein Beispiel ist dieser Plan mit einer Küchenzeile in typischer L-Form, den Sie in Räumen ab rund 18 m² verwirklichen können, den Esstisch eingeschlossen. Die Küche fällt vor allem durch die Eckspüle und die vielen Fenster im Arbeitsbereich auf, gutes Licht ist vor allem tagsüber garantiert. Mit den wallnussfarbenen Schränken und der graphitgrauen Arbeitsplatte haben die Planer die Küche auch in den Farben eher traditionell gestaltet. Die Schubladensysteme in den Unterschränken sind unterschiedlich groß gefertigt und deshalb für alle möglichen Küchenutensilien, aber auch Lebensmittel geeignet. Auf der großen Arbeitsplatte haben Sie reichlich Platz für Kocharbeiten und um kleinere Elektrogeräte wie die Kaffeemaschine so abzustellen, dass sie nicht stören. Da die vorgestellte Küche ohne Arbeitsinseln auskommt, können Sie sie so oder etwas verändert auch platzsparend in moderne Wohnzimmerküchen einbauen.

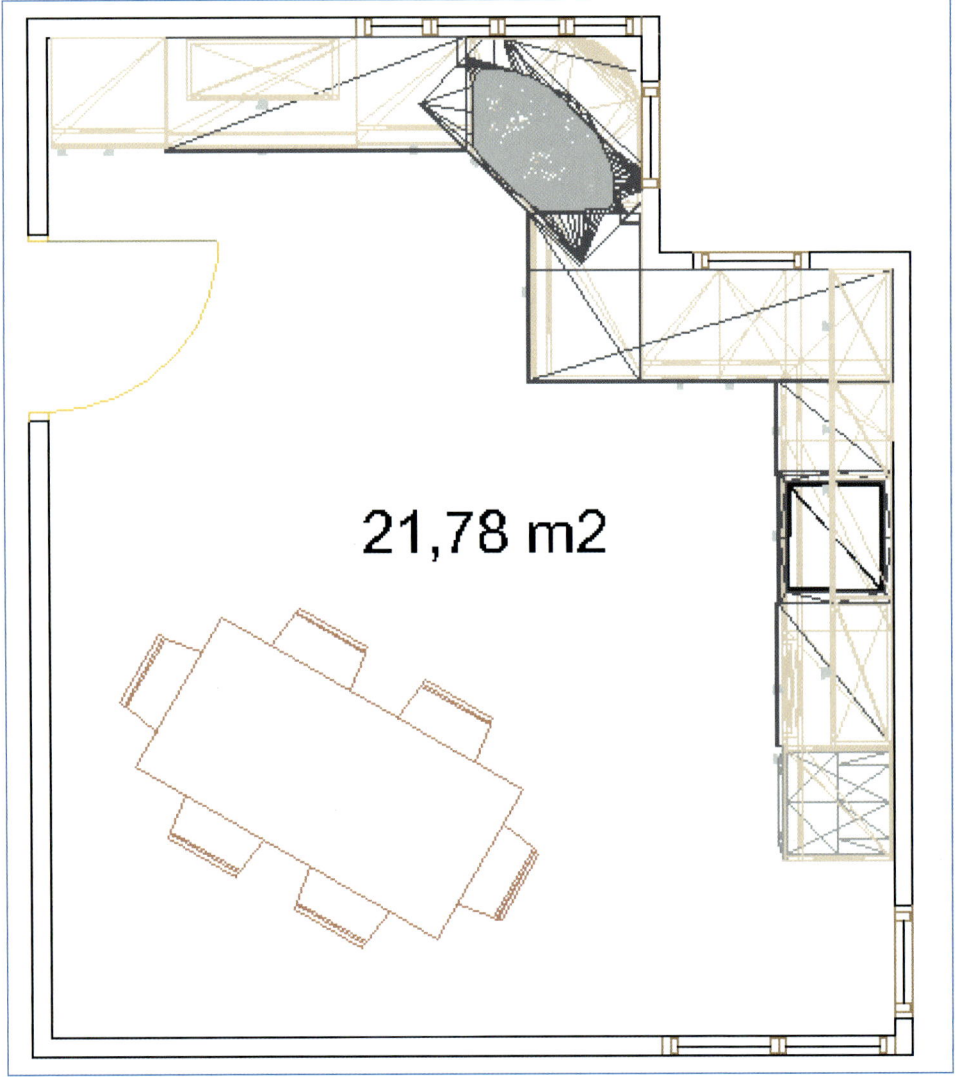

Abb. 5.67 – Küchenplan 24

Abb. 5.68 – Auch in verwinkelten Räumen kann man eine funktionelle Küche zum Wohlfühlen integrieren.

Abb. 5.69 – Die Arbeitsfläche mit Eckspüle, Kochfeld und vielen Schränken für genügend Stauraum.

# Plan 25: Küche zum Unterhalten und Verweilen

Die Küche nach Plan 25 ist halboffen angelegt. Küchenzeile und Kochinsel sind mit einer Theke verbunden, die auf zwei Säulen montiert ist. Barhocker laden ein, Platz zu nehmen und das Geschehen in der Küche zu beobachten (Abb. 5.72). Man kann außerdem Speisen vorkosten, bevor sie am Esstisch serviert werden. Durch die Nähe zum Koch oder der Köchin fördert dieser Aufbau die Kommunikation mit Familienmitgliedern, Freunden sowie Besucherinnen und Besuchern. Den Mittelpunkt der Küche bildet die rund 2,3 m x 1,1 m große Kochinsel. Sie hat eine große Arbeitsplatte, die von drei Seiten erreichbar ist und nicht nur zum Arbeiten einlädt. Sie lässt auch genug Platz, um Gewürze und diverse Kleinutensilien repräsentativ aufzustellen. Die Insel beherbergt an zwei Seiten Unterbauschränke, die überwiegend mit Schubladen ausgestattet sind. Als Blickfang dient ein Regal, in dem sich Dekorationsgegenstände und Zeitschriften unterbringen lassen. Am abgesetzten achteckigen Esstisch mit vier Stühlen können bei Bedarf auch mehrere Personen Platz nehmen.

In die Küchenzeile an der Wand sind neben der Spüle einige Unterschränke eingebaut. Im Schrank unter der Spüle steht der Geschirrspüler. An diesen Arbeitsbereich grenzt auf der rechten Seite ein halbhoher Schrank, in dem Kühlschrank, Backofen und Mikrowelle eingebaut sind (Abb. 5.71). Die Hängeschränke mit Glastüren eignen sich, um das Service zu lagern. Die helle Vorderseite der Schränke aus Birkenholz und die Arbeitsplatte aus dunkler Eiche lassen die Küche neutral und zeitlos wirken.

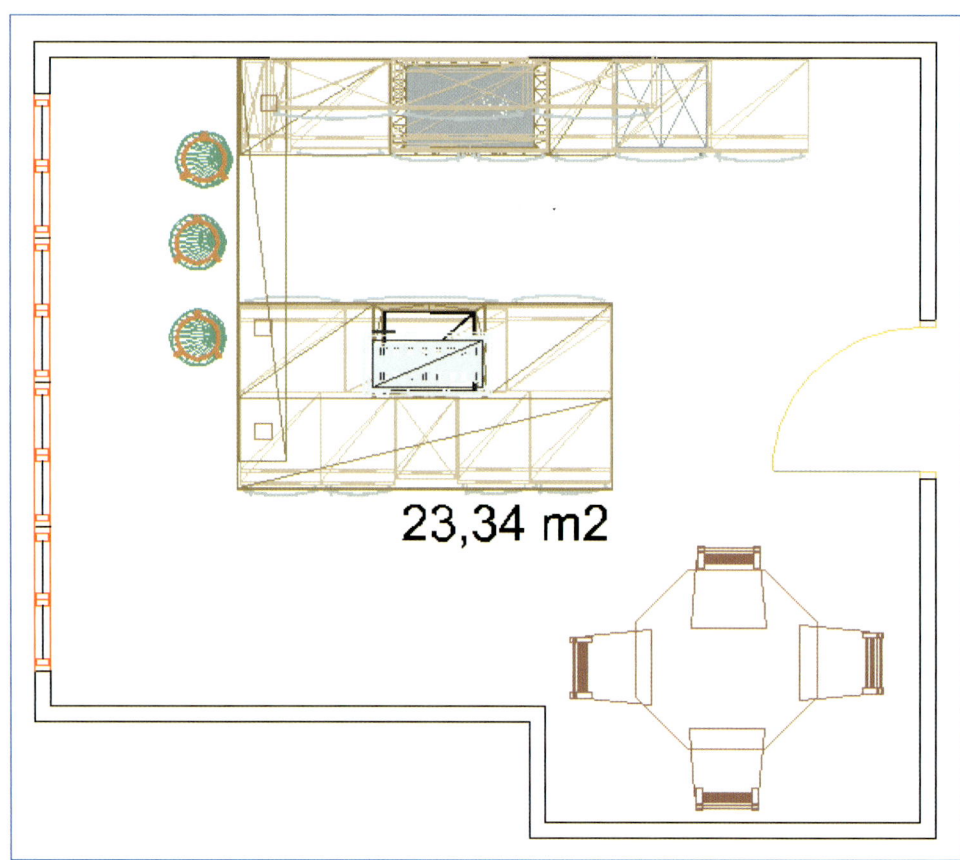

**Abb. 5.70** – Küchenplan 25

**Abb. 5.71** – Die geräumige Kochinsel lädt zum Arbeiten ein und lässt trotzdem noch genug Platz, um Kleinutensilien repräsentativ aufzustellen.

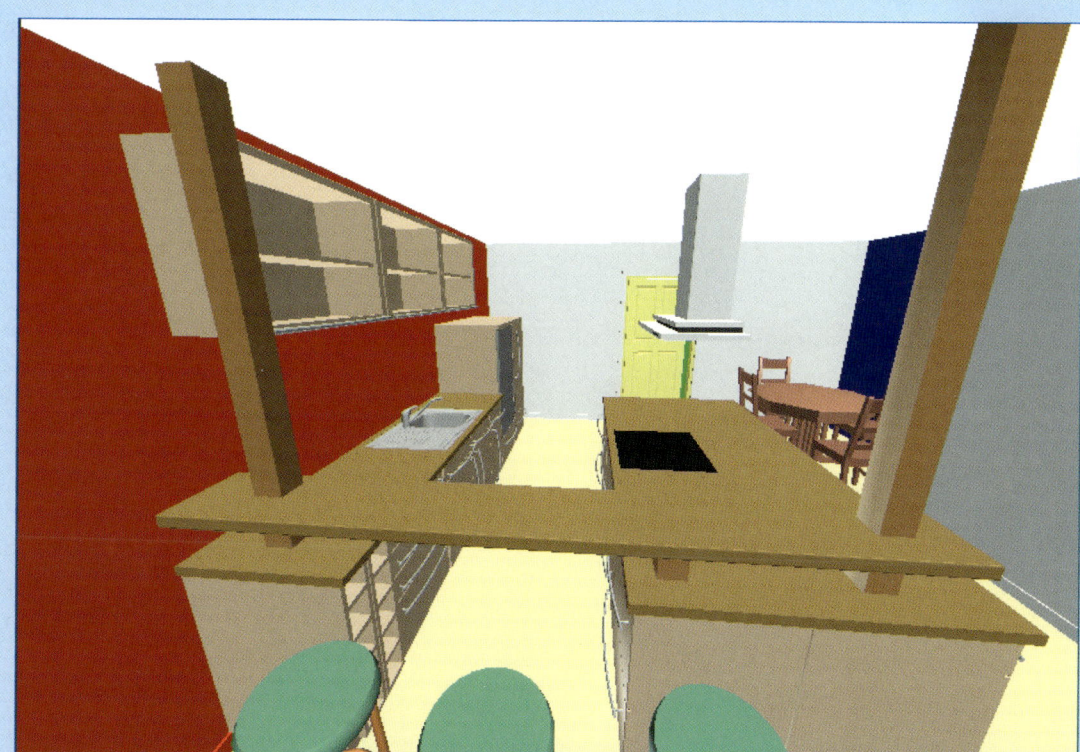

**Abb. 5.72** – Küchenzeile und Kochinsel sind mit einer Theke verbunden. Barhocker laden zum Verweilen ein und fördern so die Kommunikation in der Küche.

# Bildnachweis

**HAKA-Küchen**
Seite 5

**Miele**
Seite 25

**Olina-Küchen**
Seite 104, 120 und 160

**Stöcklin Küchenmöbelfabrik AG**
Seite 25